Eva Hahne

C000149822

Fundierung von fairem Verhalten in Untern

Eva Hahne

Fundierung von fairem Verhalten in Unternehmen-Kunde-Beziehungen

GRIN Verlag

Bibliografische Information Der Deutschen Bibliothek: Die Deutsche
Bibliothek verzeichnet diese Publikation in der Deutschen Nationalbibliografie;
detaillierte bibliografische Daten sind im Internet über http://dnb.ddb.de/
abrufbar.

1. Auflage 2009
Copyright © 2009 GRIN Verlag
http://www.grin.com/
Druck und Bindung: Books on Demand GmbH, Norderstedt Germany
ISBN 978-3-640-47299-4

Philipps Universität Marburg

Fachbereich Wirtschaftswissenschaften der

Philipps-Universität Marburg

Diplomarbeit zum Thema

FUNDIERUNG VON FAIREM VERHALTEN IN UNTERNEHMEN-KUNDE-BEZIEHUNGEN

Lehrstuhl für Allgemeine
Betriebswirtschaftslehre, insbesondere
Marketing und Handelsbetriebslehre

Abgabedatum: 18.09.2009

Eingereicht von:
Eva Hahne

I

Inhaltsverzeichnis

Abbildungsverzeichnis

Tabellenverzeichnis

Abkürzungsverzeichnis

AGFI	=	Adjusted Goodness of fit-Index
DE	=	Dual Entitlement
GFI	=	Goodness of fit-Index
RCT	=	Referent Cognitions Theorie
WKA	=	Wiederkaufabsicht
WOM	=	Word-of-Mouth

1. Die Relevanz von Fairness und Gerechtigkeit im Marketingkontext

Das Konzept der Fairness oder Gerechtigkeit hat seine Wurzeln in der Sozial-psychologie und wird seit einigen Jahren erfolgreich verwendet, um unter-schiedlichste Reaktionen von Mitgliedern in Organisationen, Kunden, Lieferan-ten und Herstellern sowie von steuerpolitischen Maßnahmen zu erklären.[1] Em-pirische Befunde zeigen, dass Gerechtigkeit nicht nur positive Reaktionen her-vorruft, sondern auch in grundlegendem Zusammenhang mit dysfunktionalen Verhaltensweisen, wie z.b. negative Mundpropaganda und Kaufboykotts, steht. Langfristige Kundenbindung- und Loyalität hängen in entscheidendem Maße von fair wahrgenommenen Interaktionsbeziehungen ab. Voraussetzung für zu-friedene Kunden sind eine intensive und aktive Beratung sowie eine Erhöhung der Transparenz von unternehmenspolitischen Aktivitäten. Obwohl die große Bedeutung von gerechter Behandlung für Verhaltensreaktionen seitens der Kunden nachgewiesen werden kann, steht in einigen Organisationen immer noch Gewinnstreben vor dem Aufbau dauerhafter Kundenbeziehungen.[2] Laut dem Fairness-Barometer 2009 ist 96 % der Bürger bei der Inanspruchnahme von Dienstleistungen und der Produktion von Gütern faires Verhalten von Un-ternehmen äußerst wichtig. Daraus ergibt sich, dass in Zukunft die Beachtung von gerechtem Handeln an erster Stelle stehen sollte. Tritt Unfairness erst ein-mal auf, lässt sich dies aus den Köpfen der Konsumenten nur schwer wieder beseitigen, zumal Verbraucherberichte und Ratings ein schlechtes Image weiter festigen.[3]

In der vorliegenden Arbeit wird sich mit dem Konstrukt der Fairness auseinan-dergesetzt, wobei die Beziehung zwischen Kunden und Produkt- bzw. Dienst-leistungsanbietern im Mittelpunkt steht. Unternehmenspolitische Entscheidun-gen fallen nicht in den Aufgabenbereich von Mitarbeitern, die im direkten Kun-

---

[1] Vgl. Frey/Streicher/Klendauer (2004), S. 148 f.
[2] Vgl. http://koeln-bonn.business-on.de/fairness-gegenueber-kunden-zahlt-sich-langfristig-aus_id17303.html (Aufruf 08.09.2009).
[3] Vgl. http://www.fairness-barometer.de/#3 (Aufruf 08.09.2009).

denkontakt stehen. Trotzdem darf die Rolle dieser Angestellten nicht vernachlässigt werden. Auch wenn Organisationen die Preise festsetzen, spielen die Mitarbeiter die entscheidende Rolle, wenn es darum geht, auf positive und negative Kundenreaktionen einzugehen und Abhilfe eines Problems zu schaffen. Das Ziel ist es im Folgenden, sowohl Wirkungen, wie auch Einflussfaktoren von fairem Verhalten ausführlich zu betrachten. Zu Beginn wird das Konstrukt der Fairness erläutert und auf die verschiedenen Dimensionen von Gerechtigkeit eingegangen. Da sich die historische Entwicklung von Gerechtigkeit überwiegend an organisationaler Fairnessforschung orientiert, hat das zweite Kapitel den Anspruch, Gerechtigkeitswahrnehmungen auf die Beziehung mit dem externen Kunden[4] zu übertragen. Nachdem im dritten Kapitel organisations- und sozialpsychologische Theorien herangezogen werden, mittels derer sich das Verhalten von Kunden theoretisch erklären lässt, beschäftigt sich das darauffolgende Kapitel mit der Messung und Operationalisierung des Fairnesskonstruktes sowie vor allem mit Auswirkungen und Determinanten wahrgenommener Gerechtigkeit. Aus den empirischen Befunden sollen Schlüsse für zukünftiges, effizientes betriebswirtschaftliches Verhalten gezogen werden. Abschließend werden Grenzen der Empirie, an die sich weiterer Forschungsbedarf anschließt sowie Implikationen für die Unternehmenspraxis aufgezeigt.

---

[4] Als externe Kunden gelten in dieser Arbeit ausschließlich Nachfrager nach Produkten und Dienstleitungen. Lieferanten, etc. werden an dieser Stelle von dem Begriff ausgeschlossen.

2. Das Fairnesskonzept: Ein mehrdimensionales Gerechtigkeitskonstrukt im Marketingprozess gegenüber externen und internen Kunden

2.1 Historische Entwicklung und theoretische Grundlagen der Fairnessforschung

2.1.1 Der Grundsatz von Fairness

Das Prinzip der Gerechtigkeit findet in unterschiedlichen Disziplinen Anwendung. So haben sich nicht nur die Wirtschaftswissenschaften, sondern auch die Psychologie, Soziologie sowie die Theologie mit diesem Thema beschäftigt. Xia et al. definieren Fairness als „…a judgement of wether an outcome and/or the process to reach an outcome are reasonable, acceptable or just."[5]

Streng genommen handelt es sich bei dem Konstrukt der Fairness bzw. Gerechtigkeit um zwei getrennte Konzepte. Unter Gerechtigkeit wird ein bestimmter Lösungszustand verstanden, der nach einer aufgestellten Regel erreicht wird. Fairness dagegen drückt ein bestimmtes Handeln aus. Wer nach einer festgesetzten Regel handelt, verhält sich fair. Dagegen spricht man von einem gerechten Ergebnis, das nach einer Regelbefolgung zu Stande kommt. Im Englischen als „justice" bzw. „equity" bezeichnet, werden Fairness und Gerechtigkeit in dieser Arbeit jedoch simultan verwendet.[6]

Schon Aristoteles hat sich mit dem Begriff der Fairness beschäftigt. Ein Werk, das in der Theorie der Gerechtigkeit jedoch großen Zuspruch findet, ist eine Arbeit von John Rawls. Er geht dabei von einer Gerechtigkeitsvorstellung aus, nach der ökonomische Ungleichheiten zu jedermanns Vorteil zu gestalten sind. Dabei muss weiter beachtet werden, dass gerechtes Verhalten nicht nur in wirtschaftlichen Beziehungen zu Organisationen, sondern auch in sozialen Beziehungen zu Mitarbeitern relevant ist. Dieser Grundsatz zielt hauptsächlich auf die

---

[5] Xia/Monroe/Cox (2004), S. 1.
[6] Vgl. Helmstädter (1999), S. 31.

4

Verteilung von Einkommen und Vermögen sowie auf die Strukturen innerhalb von Organisationen ab.[7]

Die heutige Gerechtigkeitsforschung unterscheidet die vier Gerechtigkeitsdimensionen distributive, prozedurale, interpersonale und informationale Gerechtigkeit, die im nächsten Kapitel ausführlich behandelt werden. Gerade weil in dieser Arbeit die Beziehung zwischen Unternehmen und Kunden im Mittelpunkt steht, soll Preisfairness hier als ein Sonderfall nicht unberücksichtigt bleiben, da sich Kunden als preissensible Individuen stark von preispolitischen Maßnahmen der Unternehmen beeinflussen lassen.

2.1.2 Die wesentlichen Dimensionen von Fairness

2.1.2.1 Distributive Gerechtigkeit und der Sonderfall der Preisfairness

Das Prinzip der distributiven Gerechtigkeit, auch Ergebnis- oder Verteilungsgerechtigkeit genannt, lässt sich auf Homans (1958) zurückführen, der in seiner Studie distributive Gerechtigkeit dann gegeben sieht, wenn die Investitionen, die eine Person im Austauschprozess aufwenden muss, proportional zu ihrem Ertrag sind. Falls die Kosten einer Person höher als die anderer Personen ausfallen, fordert distributive Gerechtigkeit auch einen entsprechend höheren Nutzen.[8] Im Laufe der Konstruktgeschichte haben weitere Autoren den Umstand der distributiven Fairness untersucht und erweitert. Eine bedeutende Arbeit, auf die in der Gerechtigkeitsforschung immer wieder verwiesen wird, ist Adams´ Studie „Inequity in social exchange". Basierend auf Homans´ Ansatz wird in dieser Arbeit eine Vergleichsperson in die Überlegungen mit aufgenommen. Die Verteilungsgerechtigkeit wird dann als erfüllt angesehen, wenn die eigenen Investitionen und Erträge mit denen von Vergleichspersonen verhältnismäßig übereinstimmen.[9]

Auch Deutsch (1985) hat sich mit dem Begriff der distributiven Gerechtigkeit befasst. In seiner Arbeit verdeutlicht er distributive Gerechtigkeit hinsichtlich der Art und Qualität von Gütern im Austauschprozess. Ungerechtigkeit tritt dabei

---

[7] Vgl. Rawls (1979), S. 83 f.
[8] Vgl. Homans (1958), S. 604.
[9] Vgl. Adams (1965), S. 272 ff.

auf, wenn der Zustand und die Haltbarkeit einer Ware nicht dem entspricht, was sie ursprünglich zu sein scheint. Deutsch formuliert diesen Umstand mit Arglist, d.h. jemand erhält einen nicht gedeckten Scheck, der Kunde wird über ein bestimmtes Gut nicht ausreichend informiert, ein Konsument kauft eine Imitation oder eine Autowerkstatt repariert nicht in dem Umfang, für den sie im nachhinein bezahlt wird.[10]

Im Hinblick auf die Unternehmen-Kunde-Beziehung, die in dieser Arbeit im Vordergrund steht, lässt sich distributive Fairness wie folgt verdeutlichen. Theorien über distributive Gerechtigkeit argumentieren, dass sich wahrgenommene Gerechtigkeit aus der Kundenbewertung von Ergebnisfairness ergibt. In Kaufsituationen tätigen Konsumenten Investitionen, z.B. Geld, und erhalten ein bestimmtes Ergebnis, wie Servicequalität oder ein Produkt. Dazu vergleichen Konsumenten ihren eigenen Aufwand und Ertrag mit den Investitionen und Erträgen der anderen Teilnehmer des Austauschprozesses.[11] In Bezug auf Produkte und Dienstleistungen zeigt sich Ergebnisgerechtigkeit auch im Preis-Leistungs-Verhältnis. Dem Kunden wird in Verkaufsförderungsmaßnahmen ein Produkt oder ein Service vorgestellt, das eine bestimmte Qualität zu einem festgelegten Preis verspricht. Er geht somit davon aus, dass die vom Unternehmen angebotene Leistung auch tatsächlich dem entspricht, was ihm per Werbemaßnahmen vermittelt wird, also z.B. eine hohe Langlebigkeit oder das gewünschte Dienstleistungsergebnis.[12]

Weiterhin lässt sich feststellen, dass distributive Fairness auch bei der Handhabung von Entschädigungen wahrgenommen wird. Im Rahmen des Beschwerdemanagement definieren Maxham/Netemeyer (2002) distributive Fairness als „…the extent to which customers feel they have been treated fairly with respect to the final recovery outcome."[13] Während einem Konsumenten in Folge eines fehlerhaften Produktes oder mangelnder Dienstleistungsqualität eine Erstattung des Kaufpreises oder Rabatte gewährt wird, ziehen andere Verbraucher einen

---

[10] Vgl. Deutsch (1985), S. 31 ff.
[11] Vgl. Martínez-Tur/Peiró/Ramos/Moliner (2006), S. 102 f.
[12] Vgl. Frey/Streicher/Klendauer (2004), S. 140 f.
[13] Maxham/Netemeyer (2002), S. 240.

materiellen Ausgleich in Form eines Gutscheins vor.[14] Kelley et al. (1993) untersuchen unterschiedliche Formen von Entschädigungen und stellen fest, dass einige für die Wahrnehmung von Ergebnisgerechtigkeit nicht geeignet sind. Bei einem Ladenkredit, der einem Konsumenten anstelle einer Rückerstattung des Kaufpreises oder Umtausches angeboten wird, sind Kunden gezwungen im gleichen Geschäft erneut etwas zu kaufen, in dem sie zuvor schlechte Erfahrungen gemacht haben. Auch wird festgestellt, dass Unternehmen im Rahmen von Rückerstattungen in den Augen der Konsumenten wiederum Fehler unterlaufen, und so ihre Kunden nicht zufrieden stellen können. Der Käufer erkennt zwar, dass das Unternehmen um einen Ausgleich bemüht ist, sieht jedoch auch, dass die versuchte Wiedergutmachung nicht ausreicht, um den Fehler zu berichtigen und damit Ergebnisgerechtigkeit herzustellen. Als Beispiel sind Reparaturen mit hohem Zeitverzug, aber auch ein Umtausch erst nach langen Auseinandersetzungen und Diskussionen zu nennen.[15]

Der Sonderfall der Preisfairness

Das Konstrukt der Preisfairness steht in engem Zusammenhang mit distributiver Gerechtigkeit. Auch hier ist die Equity-Theorie von großer Bedeutung, indem sie auf den Preiskontext angewendet wird. Die Ergebnisse, auf die es dem Kunden ankommt und die von ihm verglichen werden, sind in diesem Fall also Preise. Xia et al. (2004) sprechen in diesem Zusammenhang davon, dass ein Urteil über Preisfairness von einem Konsumenten durch den Vergleich eines Preises mit einem angemessenen Standard oder einer Norm gefällt wird. Ungerechtigkeit wird empfunden, wenn im Rahmen eines ähnlichen Geschäftsabschlusses der beurteilte Preis im Vergleich zu einem anderen Preis stark differiert.[16]
Die wohl bedeutendsten Arbeiten zum Thema Preisfairness stammen von den Forschern Kahneman, Knetsch, Thaler sowie Kamen und Toman[17]. In ihren Studien betrachten sie vor allem die Wirkungen von Preiserhöhungen auf wahrgenommene Preisfairness. Kamen/Toman (1970) entwickeln eine „fair price"

---

[14] Vgl. Sparks/McColl-Kennedy (2001), S. 212.
[15] Vgl. Kelley/Hoffman/Davis (1993), S. 438 ff.
[16] Vgl. Xia/Monroe/Cox (2004), S. 1 ff.
[17] Vgl. Kamen/Toman (1970); Kahneman/Knetsch/Thaler (1986a).

Theorie, nach der ein Konsument bestimmte Vorstellungen von einem fairen Preis für ein bestimmtes Gut oder einen Service hat. Der Nachfrager ist in diesem Fall bereit diesen Preis oder einen niedrigeren zu zahlen. Der Preis stellt somit einen fixen Punkt im Rahmen einer Kaufhandlung dar und dient dem Konsumenten dazu Produkt- und Servicepreise beurteilen zu können.[18] Kahneman et al. (1986a) untersuchen Preisfairness im Hinblick auf eine Veränderung des Unternehmensgewinns. Danach empfinden Konsumenten eine Preiserhöhung als gerecht, wenn Unternehmensgewinne ausbleiben. Ebenso wird eine Preisbeibehaltung bei abnehmenden Kosten als fair beurteilt.[19] Vor diesem Hintergrund entwickeln Kahneman et al. (1986a) das Prinzip des „Dual-Entitlements" (DE), das auf dem „Reference Transactions"-Modell basiert. Letzteres ist durch einen Referenzpreis, der in früheren Kaufsituationen gezahlt wurde, und einem positiven Referenzgewinn des Unternehmens gekennzeichnet. Verkäufer und Kunde haben damit den Anspruch auf Gewinn und Preiskonditionen aus früheren Transaktionen.[20] Das DE-Prinzip besagt genau, dass „transactors have an entitlement to the terms of the reference transaction and firms are entitled to their reference profit."[21] Dabei können Marktpreise, ausgeschriebene Preise und Preise früherer Transaktionen zwischen Konsument und Unternehmen als Referenzpunkte fungieren. Wie aus dem Begriff "Dual-Entitlement" deutlich wird, konzentriert sich das Prinzip auf die bereits oben genannten Ansprüche auf Referenzpreise- und Gewinne von Konsument und Verkäufer. Im Falle einer Bedrohung beider Ansprüche durch Preiserhöhungen oder Kostensenkungen sieht das DE-Prinzip vor, dass der Gewinnanspruch des Verkäufers Priorität vor den Preisansprüchen des Konsumenten hat.[22]

---

[18] Vgl. Kamen/Toman (1970), S. 27.
[19] Vgl. Kahneman/Knetsch/Thaler (1986a), S. 728 ff.; Campbell (1999), S. 189 f.
[20] Vgl. Kahneman/Knetsch/Thaler (1986a), S. 729 f.; Kalapurakal/Dickson/Urbany (1991), S. 788 f.; Koschate (2002), S. 58 f.
[21] Kahneman/Knetsch/Thaler (1986a), S. 729.
[22] Vgl. Kalapurakal/Dickson/Urbany (1991), S. 788 f.; Koschate (2002), S. 58 f.

2.1.2.2 Prozedurale Gerechtigkeit

Zehn Jahre nach Adams (1965) ergänzen Thibaut und Walker[23] zum Prinzip der distributiven Fairness eine zweite Dimension wahrgenommener Gerechtigkeit, genannt prozedurale Fairness. Dieses Konzept berücksichtigt den Prozess, der für das Erreichen eines bestimmten Resultates notwendig ist. Prozedurale Gerechtigkeit bezieht sich also auf die individuelle Wahrnehmung von Fairness von prozeduralen Komponenten, die von Entscheidungsträgern genutzt werden, um zu einem bestimmten Ergebnis zu führen. Sie entsteht durch das Vertrauen und die Beteiligung an einem Prozess, der zu einem bestimmten Ergebnis führt. Es wird hierbei unter den Gerechtigkeitsregeln der Konsistenz, der Unvoreingenommenheit, der Akkuratheit, der Repräsentativität und der Regel der Ethik unterschieden.[24] Für andere Forscher machen die Attribute Prozess- und Entscheidungskontrolle, zeitliche Planung bzw. Schnelligkeit, Erreichbarkeit sowie Flexibilität prozedurale Gerechtigkeit aus.[25]

Auch wenn distributive Gerechtigkeit im Rahmen eines Austauschprozesses mit externen Kunden im Mittelpunkt steht, und prozedurale Fairness in Bezug auf Interaktionsbeziehungen von Unternehmen und Kunden nur eine untergeordnete Rolle spielt, gewinnt ihre Betrachtung unter bestimmten Aspekten an Bedeutung. Stellt ein Kunde einen Mangel an einem kürzlich erworbenen Produkt oder einer Dienstleistung fest, kommt es also zu einer unzureichenden Ergebnis- bzw. Verteilungsgerechtigkeit, treten nicht nur prozedurale, sondern auch interpersonale und informationale Gerechtigkeit in den Vordergrund.[26] Im Folgenden soll prozedurale Gerechtigkeit anhand der externen Perspektive weiter erläutert werden. Im Rahmen wahrgenommener Prozessgerechtigkeit gibt es bedeutende und zentrale Punkte, wie Geschwindigkeit und Erreichbarkeit, die besonders in Dienstleistungsunternehmen von hoher Wichtigkeit sind. Dabei trägt das Servicepersonal bei der Dienstleistungserbringung eine große Verantwortung.[27] Es geht nicht nur darum dem Kunden eine bestimmte Leistung anzubieten, son-

---

[23] Vgl. Thibaut/Walker (1975).
[24] Vgl. Leventhal (1980), S. 35 ff.; Bies/Moag (1986), S. 45.
[25] Vgl. Tax/Brown/Chandrashekaran (1998), S. 63.
[26] Vgl. Koschate (2002), S. 143.
[27] Vgl. Blodgett/Hill/Tax (1997), S. 189.

dern dies vor allem in einer korrekten und zweckmäßigen Art und Weise zu tun. Unfairness, wahrgenommen durch Unflexibilität der Mitarbeiter oder eine schwere Erreichbarkeit des Servicepersonals, kann unzufriedene Kunden zur Folge haben.[28]

Maxham/Netemeyer (2002) sowie Blodgett et al. (1997) sprechen im Kontext des Beschwerdemanagements davon, dass sich prozedurale Gerechtigkeit auf das Ergebnis der Behebung eines Produkt- oder Servicefehlers auswirken kann. Im Fall eines Kundendienstversagens oder Produktfehlers kann der Anbieter dem Kunden eine Rückerstattung anbieten. Falls der Konsument jedoch eine lange Zeit auf den Ersatz warten muss, weil der Verkäufer angehalten ist alle Entschädigungen mit dem Abteilungsleiter abzusprechen, nimmt der Konsument den Beschwerdeprozess als unfair wahr.[29] Weiterhin können Anbieter die Beschwerdezufriedenheit ihrer Kunden verbessern, indem sie in Leistungen investieren, die auch die Wahrnehmung prozeduraler Fairness aus Sicht der Kunden erhöhen.[30]

2.1.2.3 Interpersonale Gerechtigkeit

Die beiden Gerechtigkeitsdimensionen der distributiven und prozeduralen Fairness werden von Bies/Moag (1986) um die interaktionale Gerechtigkeitsperspektive erweitert. Diese zielt darauf ab, wie Entscheidungen von den Verantwortlichen umgesetzt werden. Bies/Moag (1986) sprechen in diesem Zusammenhang davon, dass Personen empfindlich auf die Qualität zwischenmenschlicher Behandlung während eines Interaktionsprozesses reagieren.[31] Es kommt also auf die Art und Weise an, wie der Prozess durchlaufen, bzw. wie ein bestimmtes Resultat erreicht wird. Die interaktionale Fairness ist durch Höflichkeit, Mitarbeiterempathie und Bemühungen des Personals, Lösungen für Kundenanliegen zu finden, gekennzeichnet. Mit der Betrachtung dieser Perspektive lässt sich verdeutlichen, warum Kunden sich ungerecht behandelt fühlen, auch wenn Ergebnisse und Entscheidungsprozesse von ihnen als fair charakterisiert wer-

---

[28] Vgl. Martínez-Tur/Peiró/Ramos/Moliner (2006), S. 103.
[29] Vgl. Maxham/Netemeyer (2002), S. 240 f.; Blodgett/Hill/Tax (1997), S. 189.
[30] Vgl. Maxham/Netemeyer (2002), S. 241.
[31] Vgl. Bies/Moag (1986), S. 44; Bies/Shapiro (1987), S. 201.

den. Goodwin/Ross (1992) sprechen auch von wahrgenommener Unfairness, wenn MBA Studenten, hier gesehen als externe Kunden, unverschämte und unangemessene Interviewfragen im Rahmen von Bewerbungsgesprächen gestellt werden.[32]

Jahre später erweitert Greenberg (1993) die interaktionale Perspektive um eine interpersonale und eine informationale Komponente, wobei er den Vorschlag macht interaktionale Fairness als interpersonalen Faktor zu sehen. Greenberg verwendet den Ausdruck der interpersonalen Fairness, um auf die sozialen Aspekte distributiver Gerechtigkeit zu verweisen. Im Rahmen dieser Gerechtigkeitsdimension stehen daher respektvoller und würdevoller Umgang mit den Interaktionspartnern im Vordergrund. Auch zeigt interpersonale Fairness ein gewisses Interesse an distributiven Ergebnissen. Im Gegensatz zu informationaler Gerechtigkeit, bei der die Kenntnisse über die Prozesse, die schließlich zum Ergebnis führen, im Vordergrund stehen, fokussiert der interpersonale Faktor eher wie ein bestimmtes Ergebnis kommuniziert wird. So zeigt sich, dass Bürger, die in Kontakt mit Polizei oder Gerichten stehen, von der Sensibilität und dem Einfühlungsvermögen der Autoritäten ihrer Probleme betreffend in hohem Maße beeinflusst werden. Verständnis und Mitgefühl sind hier wesendliche Faktoren.[33]

Wie in Kapitel 2.1.2.2 schon bemerkt wird, gewinnt die interpersonale Gerechtigkeitsdimension unter bestimmten Bedingungen besondere Bedeutung. So im Fall des Beschwerdemanagements, bei dem sich der Kunde nach Feststellung eines Mangels an das jeweilige Unternehmen wendet und Kontakt mit einem Ansprechpartner aufnimmt. Gerade weil die Verteilungsgerechtigkeit des Kunden nicht sofort erfüllt werden konnte, ist es nun von großer Wichtigkeit, dass der Kunde sich mit seinem Problem ernst genommen und fair behandelt fühlt. Dies kann durch aufmerksames Zuhören des geschilderten Problems, aber

---

[32] Vgl. Tax/Brown/Chandrashekaran (1998), S. 62 f.; Homburg/Fürst (2005), S. 98; Goodwin/Ross (1992), S. 152.
[33] Vgl. Greenberg (1993), S. 85; Streicher/Frey (2009), S. 21.

auch vor allem durch ein Entgegenbringen von Respekt und Höflichkeit erreicht werden.[34]

2.1.2.4 Informationale Gerechtigkeit

Greenberg (1993) verweist mit informationaler Gerechtigkeit auf die sozialen Aspekte prozeduraler Gerechtigkeit. Diese Dimension beschreibt die Qualität und Quantität einer Information, die jemandem gegeben wird und sich durch Korrektheit, Ehrlichkeit und Relevanz auszeichnet.[35]

Für den externen Kunden bedeutet dies, dass er vom Unternehmen mit den relevanten Informationen in vollem Umfang und vor allem rechtzeitig versorgt wird. Darunter fallen sowohl positive wie auch negative Mitteilungen seitens der Mitarbeiter, wie z.B. Rückholaktionen. Ist es für ein Unternehmen nicht möglich versprochene Lieferungen zeitnah einzuhalten oder Produkte pünktlich fertig zustellen (z.B. die Bestellung eines neuen Autos), müssen dem Kunden die Gründe der Verzögerung unaufgefordert und im angemessenen Umfang übermittelt werden. Im Rahmen des Beschwerdemanagements zeigt sich damit, dass informationale Gerechtigkeit von großer Wichtigkeit ist, wenn es dem Unternehmen nicht gelingt, von Beginn an Ergebnisfairness in Form einer fehlerfreien und unverzüglichen Transaktion herzustellen. Gerade der Umgang mit schlechten Nachrichten und Ehrlichkeit gegenüber seinen Kunden ist im Kontext der Kommunikation und Information von großer Bedeutung. In Bezug auf den Zeitpunkt der Informationsübermittlung kommt es darauf an, dass Kunden nicht erst auf Anfrage mit den relevanten Informationen versorgt werden, sondern dass dies schon vor dem Kauf eines Produktes oder der Inanspruchnahme einer Dienstleistung geschieht. Informationstransparenz lässt den Kunden die Interaktion mit Mitarbeitern somit als fair wahrnehmen und sein Vertrauen gegenüber dem Unternehmen festigen.[36] Im Falle einer Preiserhöhung zeigen sich Unzufriedenheit und Misstrauen, falls es für den Kunden nicht nachvollziehbar

---

[34] Vgl. Frey/Streicher/Klendauer (2004), S. 145.
[35] Vgl. Greenberg (1993), S. 84; Colquitt (2001), S. 390.
[36] Vgl. Frey/Streicher/Klendauer (2004), S. 144.

ist, wie sich der neue Preis ergibt. Eine detaillierte Rechnung, die die Preiser-höhung erklärt, kann wahrgenommene Preisunfairness vorbeugen.[37]

2.2 Beziehungsstrukturen zwischen Unternehmen, Mitarbeitern und Kunden sowie die Begründung für faires Verhalten in externen Interaktionsbeziehungen

Im Folgenden soll ein Blick auf die Beziehungsstrukturen im Marketingprozess geworfen werden. Dabei werden die beiden Beziehungen Unternehmen-Kunde und Mitarbeiter-Kunde betrachtet.[38] Der Kunde, im Zentrum der Betrachtung stehend, baut mit dem Unternehmen bzw. Mitarbeiter eine Beziehung auf, die auf unterschiedlichste Art und Weise gestaltet werden kann, und die von Organisationen gepflegt und weiterentwickelt werden muss. Ein einfacher Austausch von Käufern durch potentielle Neukunden entspricht nicht der Realität. Kundenbeziehungen sind nicht von vorneherein gegeben, sondern müssen sich verdient werden. Dabei sollen langfristige und enge Konsumentenbeziehungen im Mittelpunkt stehen, mit denen u.a. die Marketingkosten pro Kunde gesenkt werden können.[39] Das Zusammenspiel mit den Interaktionspartnern Mitarbeiter bzw. Unternehmen ist für den Erfolg einer Transaktion und den künftigen Unternehmensgewinn von großer Bedeutung und darf daher bei der Untersuchung von fairem Verhalten gegenüber Kunden nicht vernachlässigt werden. Abb. 1 zeigt die interessierten Zusammenhänge noch einmal auf. Es wird deutlich, dass jede der dargestellten Beziehungen Einfluss auf den dritten Interaktionsteilnehmer hat, und sich dies wiederum auf die Beziehung zu den beiden anderen Akteuren auswirkt.

---

[37] Vgl. Aholt (2008), S. 43.
[38] In der Literatur finden sich zudem interne Beziehungen (Unternehmen-Mitarbeiter), die mit den oben genannten Strukturen eng verbunden sind und in einem anderen Kontext grundsätzlich in die Überlegungen mit aufgenommen werden sollten. Im Rahmen dieser Arbeit, die sich auf die externe Perspektive beschränkt, wird jedoch nicht weiter darauf eingegangen.
[39] Vgl. Gronroos (1990), S. 4 f.

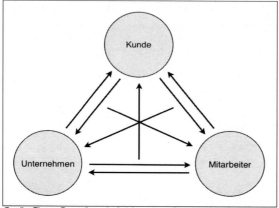

Quelle: Eigene Darstellung, in Anlehnung an: Grund (1998), S. 38.

Abb. 1: Direkte und indirekte Beziehungen zwischen Unternehmen, Mitarbeitern und Kunden

In der Beziehung Unternehmen-Kunde lässt sich feststellen, dass es sich hierbei um eine abstrakte Interaktion handelt, da das Unternehmen sich nicht im direkten Kontakt mit seinem Kunden befindet. Dieser entsteht erst durch das Einschalten eines Mitarbeiters, der als eine natürliche Person auftritt. Wie oben schon angesprochen, sind Kunden für ein Unternehmen nicht beliebig austauschbar, auch wenn der Verlust eines Einzelnen keine direkten Konsequenzen nach sich zieht. Eine Abwanderung von Konsumenten zu anderen Anbietern aufgrund unzureichender Leistungen und ausbleibender Weiterempfehlung und Wiederkaufabsicht (WKA) hat langfristig jedoch schwerwiegende Folgen.[40] Wichtig für die Unternehmen-Kunde-Beziehung ist weiterhin der Umgang mit Informationsasymmetrien. Da der Käufer seine Wünsche und Bedürfnisse kennt, verfügt er gegenüber dem Unternehmen über einen Informationsvorsprung, den dieses durch geeignete Screening-Maßnahmen ausgleichen muss. Eine genaue Analyse von Kundenerwartungen und Bedürfnissen ist hier von großer Bedeutung.[41]

---

[40] Vgl. Bruhn/Grund (1995), S. 501 f.; Grund (1998), S. 38 ff.
[41] Vgl. Bruhn/Grund (1995), S. 502.

Im Rahmen der Interaktion Mitarbeiter-Kunde lässt sich feststellen, dass sich die Bindung zum Mitarbeiter im Laufe der Zeit ändert. So ist bei der Aufnahme einer Geschäftsbeziehung die Bindung relativ gering. Für den Kunden steht das Unternehmen, bei dem es ein Produkt erwirbt oder eine Dienstleistung in Anspruch nimmt, im Vordergrund. Gerade bei der Erbringung von Dienstleistungen zeigt sich langfristig eine zunehmende Kundenbindung an einen bestimmten Mitarbeiter, die sogar dazu führen kann, dass der Kunde der Person seines Vertrauens an einen neuen Arbeitsplatz folgt. Kundenzufriedenheit sowie Bindung und auch wahrgenommene Dienstleistungsqualität stehen daher in unmittelbarer Abhängigkeit zur Mitarbeiter-Kunde-Beziehung und können mit gezielten Maßnahmen erreicht und positiv beeinflusst werden.[42]

Begründung für faires Verhalten in externen Interaktionsbeziehungen
Bei der Betrachtung von Gerechtigkeit muss die Frage gestellt werden, warum Fairness von Unternehmen bzw. Mitarbeitern gegenüber ihren Kunden überhaupt als notwendig betrachtet wird. Zum einen unterstützen sozialpsychologische Theorien, dass sich die erwünschten ökonomischen Erträge dauerhaft vor allem durch faires Verhalten erzielen lassen. Auch moralische Werte tragen dazu bei, in Geschäftsbeziehungen gerecht zu handeln.[43] Es zeigt sich außerdem, dass Interaktionsbeziehungen, die von gegenseitigem Vertrauen geprägt werden, von großer Bedeutung für die Akteure sind. Kunden, die mit den Leistungen eines Unternehmens zufrieden sind, bringen diesem Vertrauen entgegen und binden sich langfristig.[44] Die Bedeutung von fairen Entscheidungsprozessen kommt vor allem zum Vorschein, wenn es sich um Neukunden handelt, die sich nicht auf mit dem Anbieter gemachte Erfahrungen stützen können. Es fehlt zu diesem Zeitpunkt an Vertrauen und macht gerechte Prozesse und Ergebnisse notwendig, um den Kunden von einem Kauf zu überzeugen. Werden z.B. nur unvollständige oder sogar falsche Informationen über Produkte und Dienstleistungen an den Kunden weitergegeben (informationale Gerechtigkeit),

---

[42] Vgl. Grund (1998), S. 38 ff.
[43] Vgl. Klendauer/Streicher/Jonas/Frey (2006), S. 191.
[44] Vgl. Tax/Brown/Chandrashekaran (1998), S. 61.

hat dies Konsequenzen für die wahrgenommene Qualität der Leistungen und darüber auf Kundenzufriedenheit- und Loyalität.[45] Das Konzept der wahrgenommenen Gerechtigkeit liefert damit ein nützliches Rahmenwerk, um Konsumentenreaktionen auf unternehmerisches Handeln nicht nur in Beschwerdesituationen, sondern auch in Bezug auf die Preispolitik zu verstehen. Wie sich auch im Laufe dieser Arbeit herausstellen wird, haben Gerechtigkeitswahrnehmungen unterschiedliche Wirkungen auf das Konsumentenverhalten und nehmen darüber Einfluss auf den zukünftigen Erfolg eines Unternehmens. WKA, Word-of-Mouth (WOM) und Kundenzufriedenheit sind in hohem Maße von den verschiedenen Ausprägungen der Fairnessdimensionen positiv wie negativ beeinflussbar. Aus diesem Grund ist es im Interesse eines jeden Managements sich im Kundenkontakt durch faires Verhalten und Glaubwürdigkeit auszuzeichnen. Auch der Umgang mit Preisfairness hat für Unternehmen große Bedeutung. Besonders Preiserhöhungen, werden vom Konsumenten schnell als unfair wahrgenommen, da sie die Kosten eines Unternehmens nicht genügend berücksichtigen bzw. unterschätzen. Für ein Unternehmen bedeutet dies, dass Kunden in ihrer Bewertung zu negativen Ergebnissen kommen und dies mit Unzufriedenheit und Abwanderung strafen. Unfairness nimmt zudem Einfluss auf Emotionen, wie Ärger, Frustration und Wut.[46]

Es hat sich gezeigt, dass eine fair durchgeführte Beschwerdesituation nach einem Produkt- oder Servicefehler zu einer Steigerung der WKA um bis zu 95 % führen kann. Gleichzeitig entwickelt sich eine positive Mundpropaganda, indem zufriedene Kunden im Schnitt bis zu fünf Bekannten und Verwandten aufgrund guter Erfahrungen das Unternehmen weiterempfehlen.[47]

[45] Vgl. Frey/Streicher/Klendauer (2004), S. 147 f.
[46] Vgl. Diller (2008), S. 165; Kahneman/Knetsch/Thaler (1986b), S. 296.
[47] Vgl. Saxby/Tat/Thompson Johansen (2000), S. 204.

2.3 Zwischenergebnis

In diesem Kapitel wurde eine erste Einführung in das Themengebiet der Fairness gegeben. Um klar abzugrenzen, wie die Frage „Was ist fair?" beantwortet werden soll, muss das Prinzip der Fairness präzise erläutert werden. Ziel sollte es zudem sein, die Ursprünge des mehrdimensionalen Konstruktes Gerechtigkeit, das seine Wurzeln in der organisationalen Fairnessforschung hat, zu untersuchen, um dieses anschließend auf die Interaktion mit dem externen Kunden zu übertragen. So konnte festgestellt werden, dass seit Mitte der 80er Jahre eine umfassende „Justice-Forschung" verstärkt verfolgt wird. Vor allem Bies, Moag sowie Thibaut, Walker und Greenberg haben die organisationale Gerechtigkeitsforschung sehr geprägt und konnten damit die Grundlage für neue und erweiterte Fairnessforschungen in anderen Interaktionsbeziehungen schaffen. Wie ausführlich in diesem Kapitel dargestellt wurde, kann durch die Arbeiten dieser Wissenschaftler distributive, prozedurale, interpersonale und informationale Gerechtigkeit unterschieden werden, auch wenn die vierfaktorielle Betrachtung des Fairnesskonstruktes weiterhin diskutiert wird. Beschwerdemanagement und Preispolitiken von Unternehmen sind in der hier betrachteten Perspektive von besonderer Bedeutung. Für die Zufriedenheit der Kunden ist somit nicht nur eine materielle Entschädigung, sondern auch soziale Komponenten Voraussetzung. Wie sich im Laufe dieser Arbeit herausstellten wird, reagieren Kunden in hohem Maße auf unterschiedlichste Art und Weise auf das Verhalten von Unternehmen bzw. Mitarbeitern. Es ist an dieser Stelle noch einmal die Bedeutung der Mitarbeiter, die im direkten Kundenkontakt stehen, für einen erfolgreichen Geschäftsabschluss zu betonen. Im Folgenden werden theoretische Konzepte betrachtet, die in der Gerechtigkeitsforschung hohen Anklang finden und einen Beitrag leisten faires Verhalten und die entsprechenden Reaktionen seitens der Kunden zu verstehen.

3. Theoretische Konzeptualisierung von Fairness und der Erklärungsbeitrag organisations- und sozialpsychologischer Ansätze zu der Entstehung von Gerechtigkeitsurteilen

3.1 Theoretische Begründung distributiver Gerechtigkeit und Preisfairness

3.1.1 Kernaussagen und Erklärungsbeitrag der Theorie der kognitiven Dissonanz

In der Literatur finden sich eine Reihe unterschiedlicher Theorien[48], die herangezogen werden können, um faires Verhalten zu fundieren. In dieser Arbeit wird dazu auf die folgenden theoretischen Ansätze eingegangen.

Die Theorie der kognitiven Dissonanz geht auf Festinger (1957)[49] zurück und kann insbesondere verwendet werden, Verhaltensreaktionen auf empfundene Preisgerechtigkeit bzw. -ungerechtigkeit zu erklären. Sie beinhaltet die Annahme, dass Konsumenten ein dauerhaftes Gleichgewicht ihres kognitiven, also gedanklichen, Systems anstreben und sogenannte Dissonanzen vermeiden wollen. Diese entstehen, wenn die kognitiven Elemente von Individuen nicht miteinander vereinbar sind. Es handelt sich dabei um Kognitionen wie Wissen, Meinungen und Erfahrungen, die sich durch interne Konsistenz auszeichnen sollen.[50] Dabei wird jedoch keine vollständige Konsonanz angestrebt, da diese in Konfliktsituationen als nicht geeignet betrachtet wird.[51] Festinger (1978) geht davon aus, dass Individuen beim Auftreten von Dissonanzen nicht nur versuchen diese zu reduzieren und Konsonanz herzustellen, sondern auch jegliche Aktivitäten vermeiden, die das Ungleichgewicht weiter steigern. Ursachen für

---

[48] Vgl. Homans (1961); Adams (1965); Walster/Berscheid/Walster (1973) (Equity Theorie), Heider (1958); Kelley (1967) (Attributionstheorie), Festinger (1957) (Theorie der kognitiven Dissonanz), Homans (1960); Blau (1964); Thibaut/Kelley (1959) (Social Exchange Theorie), Folger (1986) (Referent Cognitions Theorie), Lind (2001) (Fairness Heuristic Theorie), u.a.
[49] Vgl. Festinger (1957).
[50] Vgl. Kroeber-Riel/Weinberg/Gröppel-Klein (2009), S. 231.
[51] Vgl. Fischer/Wiswede (1997), S. 229.

Dissonanzen können das Eintreten unvorhergesehener Ereignisse sein, durch die eine Person neue Informationen und Wissen aufnimmt, die im Widerspruch zu ihren vorhandenen kognitiven Elementen stehen.[52] Die Intensität kognitiver Ungleichgewichte hängt vor allem von der jeweiligen Toleranz in Bezug auf Dissonanzen der betroffenen Personen ab. Auch spielt die Suche nach weiteren Informationen, die nicht mit bestehendem Wissen und Erfahrungen harmonisieren, eine ausschlaggebende Rolle.[53] Möglichkeiten, von Beginn an Dissonanzen zu vermeiden, bestehen darin, Inkonsistenzen zu verdrängen, aber auch bestimmte Situationen anders darzustellen und zu interpretieren. Die Herstellung von Konsistenzen vermittelt den Betroffenen ein positives Gefühl, während die Existenz von Ungleichheiten einen Druck zur Reduktion bzw. Vermeidung von Dissonanzen aufbaut.[54] Dazu betrachtet Festinger (1978) die beteiligten Elemente (Wissen, Erfahrungen, etc.) zwischen denen Dissonanz besteht. Nach seiner Auffassung kann zum einen ein kognitives Element des Verhaltens, wie auch ein kognitives Element der Umwelt verändert werden, um Unstimmigkeiten zu reduzieren.[55]

Erklärungsbeitrag der Theorie der kognitiven Dissonanz
Im Rahmen der Fairnessforschung treten Dissonanzen vor allem in der Nachkaufphase auf. Eine Diskrepanz zwischen erwarteter und tatsächlich erlebter Leistung zeigt sich nach dem Kauf eines Produktes nicht nur in Bezug auf die physische Beschaffenheit eines Produktes, sondern auch bei den auftretenden Preisspannen. So zeigt sich ein kognitives Ungleichgewicht, wenn der Konsument ein Produkt erwirbt, das er seinem Wissen nach zu einem billigeren Preis hätte erwerben können. Durch eine Preiserhöhung treten somit Dissonanzen auf, die z.B. dadurch reduziert werden können, dass der Konsument die Preiserhöhungen als fair wahrnimmt.[56] Es kann weiterhin nachgewiesen werden, dass das Preis-Leistungs-Verhältnis sowie die Erwartungen an eine bestimmte

---

[52] Vgl. Festinger (1978), S. 16/18.
[53] Vgl. Kroeber-Riel/Weinberg/Gröppel-Klein (2009), S. 232.
[54] Vgl. Vogel (2006), S. 74.
[55] Vgl. Festinger (1978), S. 31 f.
[56] Vgl. Homburg/Koschate (2005), S. 404.

Leistung positiv mit Preisfairness korrelieren.[57] Diese Tatsache lässt den Schluss zu, dass auftretende Dissonanzen, in Form von falschen Erwartungen an Preise und Produkte, in engem Zusammenhang mit Fairnessurteilen stehen. In der Studie von Hermann et al. (2000) wird weiterhin deutlich, dass Konsumenten Informationen selektiv verarbeiten. Dies ist auch eine Annahme der Dissonanztheorie. Da für die Aufnahme von Informationen und Erfahrungen die Erhaltung des dauerhaften Gleichgewichts des kognitiven Systems vorausgesetzt wird, ergibt sich z.B. durch die Zufriedenheit mit einem bestimmten Service oder Zustand des Produktes auch eine Gesamtzufriedenheit mit dem Kauf eines Produktes. Hermann et al. (2000) sprechen hier von einer „differenzierten Sichtweise".[58]

Preisfairness kann zudem als eine Voraussetzung für WKA gesehen werden und gewinnt daher immer mehr an Bedeutung. Für Unternehmen, die sich im stärker werdenden Wettbewerb behaupten müssen, bietet sich die Möglichkeit dem Kunden Preisgarantien zu gewähren, um Dissonanzen in der Nachkaufphase abzubauen bzw. ganz zu verhindern.[59]

3.1.2 Kernaussagen und Erklärungsbeitrag der Equity Theorie

Zu einer der bekanntesten Theorien, die zur Erklärung der distributiven Gerechtigkeit und Preisfairness herangezogen werden, gehört die Equity Theorie. Hier sind vor allem die Werke von Homans (1961), Adams (1965) sowie Walster et al. (1973)[60] zu nennen, die sich mit Gerechtigkeit in sozialen Austauschbeziehungen beschäftigt haben. Im Folgenden soll sich auf die Arbeit von Adams (1965) konzentriert werden, da diese in der organisationspsychologischen Literatur in Bezug auf den (In-) Equity-Ansatz klar dominiert. Adams´ (In-) Equity Theorie baut auf den Überlegungen von Homans (1961) auf. In ihrer Studie von 1965 wird der Begriff "inequity" anstelle von Gerechtigkeit oder Equity verwendet, um zu betonen, dass das größte Interesse den Folgen und Konsequenzen von Abwesenheit wahrgenommener Gerechtigkeit in menschlichen Austausch-

---

[57] Vgl. Hermann/Wricke/Huber (2000), S. 135.
[58] Vgl. Hermann/Wricke/Huber (2000), S. 136.
[59] Vgl. Creusen/Ungrade (2007), S. 28.
[60] Vgl. Homans (1961); Adams (1965); Walster/Berscheid/Walster (1973).

beziehungen gelten muss.[61] Ungerechtigkeit entsteht, wenn eine Person das Verhältnis von eigenem Einsatz bzw. Investitionen sowie Erträgen (im Folgenden als Input und Outcome bezeichnet) und dem Einsatz und Erträgen anderer Austauschteilnehmer als ungleich wahrnimmt. Inputs können dabei die Faktoren Ausbildung, Alter oder bestimmte Fähigkeiten sein, wenn man von der Perspektive eines Angestellten ausgeht, aber auch Geld bzw. Kaufpreis oder Geduld aus Sicht eines Kunden und Verbrauchers. Outcomes charakterisieren sich als Gehalt oder Statussymbole und bestimmte Produkte, Dienstleistungen oder Qualitäten, die Konsumenten erwarten.[62]

Es kann also festgestellt werden, dass eine Person A (z.B. Kunde) Ungerechtigkeit empfindet, wenn sein eigener Quotient kleiner (Bevorteilung) oder größer (Benachteiligung) als für eine Person B (z.b. andere Kunden, Verkäufer, Unternehmen) ausfällt.[63] Dementsprechend gestaltet sich die Situation für den Eintritt erlebter Gerechtigkeit. In diesem Fall zeigen sich gleiche Outcomes bei A wie auch bei B und zudem gleiche Inputs der beiden Parteien. Gerechtigkeit wird ebenfalls empfunden, wenn Personen wahrnehmen, dass die Outcomes der anderen höher (oder niedriger) als die eigenen Erträge sind, wenngleich sich aber die Inputs der anderen Personen als dementsprechend höher (oder geringer) darstellen.[64]

Adams (1965) konzentriert sich im Gegensatz zu Homans (1961) nicht nur auf die emotionalen Auswirkungen von wahrgenommener Unfairness, sondern betrachtet auch verhaltensbezogene Komponenten. Hierbei stellt er eine Verbindung zur Dissonanztheorie her und weißt auf eine psychische Spannung bei einer Person infolge wahrgenommener Ungerechtigkeit hin. Dieser Spannungszustand gestaltet sich proportional zu der Stärke der gegenwärtigen Unfairness. Zudem motiviert die Spannung den Betroffenen, Ungerechtigkeit zu beseitigen oder zumindest zu reduzieren, um Gerechtigkeit zu erreichen.[65] Zur Reduktion von Ungerechtigkeit bieten sich verschiedene Möglichkeiten an. Adams (1965)

[61] Vgl. Adams (1965), S. 276 ff.
[62] Vgl. Adams (1965), S. 280 f.; Koschate (2002), S. 78 f.
[63] Vgl. Schinzel (1999), S. 12.
[64] Vgl. Adams (1965), S. 282.
[65] Vgl. Adams (1965), S. 283; Koschate (2002), S. 79 ff.

unterscheidet mehrere Methoden, wie z.B. die Möglichkeit von Personen ihren Input sowie Output zu verändern, Input und Output kognitiv zu verzerren oder sich aus der Austauschbeziehung zurückzuziehen.[66] Jahre später widmen sich Walster et al. (1973) der Equity-Theorie. Sie basieren ihre Überlegungen auf denen von Adams (1965) und Homans (1961) und erweitern sie um die Idee eines negativen Inputs, der seinerseits auch zu einem negativen Outcome führen kann. Unter der Annahme der Nutzenmaximierung wird hier davon ausgegangen, dass Individuen egoistisch handeln und ihren Vorteil durch unfaires Agieren ausspielen. Andererseits wird deutlich, dass Fairness notwendig ist, da ungerechtem Verhalten eine Bestrafung folgt.[67]

Erklärungsbeitrag Equity Theorie

Der Beitrag der Equity Theorie, distributive Gerechtigkeit in der dyadischen Beziehung Unternehmen-Kunde zu erklären, zeigt sich wie folgt. Wie bisher deutlich geworden ist, vergleichen Personen in sozialen Austauschbeziehungen das Verhältnis ihrer Investitionen mit ihren Erträgen. Dabei fühlen sie sich ungerecht behandelt, wenn die wahrgenommenen Inputs und/oder Outcomes psychologisch nicht mit den wahrgenommenen Inputs und/oder Outcomes von Referenzpersonen übereinstimmen.

Es kann gezeigt werden, dass in Konsumenten-Verkäufer-Beziehungen die Equity Theorie tatsächlich angewendet werden kann und einen nützlichen Ansatz darstellt, Kundenverhalten zu verstehen. So können Situationen, in denen sich der Konsument unfair behandelt fühlt, als ungerecht interpretiert werden. Das folgende Verhalten der Käufer dient dazu, die wahrgenommene Ungerechtigkeit zu reduzieren.[68] So nehmen Konsumenten Situationen mit hoher Preisungerechtigkeit als weniger fair wahr, als Gegebenheiten mit niedriger Preisungerechtigkeit. Diese Tatsache bestätigt die Annahme, dass, wenn der Preis größer ist als erwartet, für den Kunden die Kaufsituation unfair erscheint. Es kann weiterhin festgestellt werden, dass auch zwischen der Qualität einer

---

[66] Vgl. Adams (1965), S. 283 ff.
[67] Vgl. Walster/Berscheid/Walster (1973), S. 152 ff.
[68] Vgl. Huppertz/Arenson/Evans (1978), S. 251.

Dienstleistung und dem Fairnessempfinden im Kaufprozess ein gewisser negativer Zusammenhang bestehen kann. Allerdings ist für die Wahrnehmung von Unfairness nicht nur eine schlechter als erwartete Qualität Voraussetzung, sondern auch, dass Preisungerechtigkeit als niedrig eingestuft werden kann. Huppertzs (1978) Ergebnisse kommen zu dem Schluss, dass Preisungerechtigkeit ungerechte Dienstleistungen dominiert.[69] Weiterhin zeigt sich, dass die Wahrnehmung von Ungerechtigkeit von der Einkaufshäufigkeit der Kunden (Input der Konsumenten) beeinflusst wird. So verlassen Kunden ein Geschäft bei der Wahrnehmung von Unfairness, wenngleich die Häufigkeit von Beschwerden über Preise oder Services (Inputs der Anbieter) mit niedriger und hoher Einkaufshäufigkeit schwanken.[70] Oliver/Swan (1989a) können zudem in ihrer Studie belegen, dass Kunden sich ihrer Inputs und Outcomes bewusster sind und sensibler auf eventuelle Ungerechtigkeiten reagieren als Unternehmen.[71]

Die Bedeutung des Equity Ansatzes zeigt sich auch im Gesundheitswesen, wobei Patienten - als externe Kunden - faire Leistungen vom Dienstleistungsanbieter Krankenhaus erwarten. Swan et al. (1985) untersuchen hier die Zufriedenheit der Patienten mit der Einrichtung und stellen fest, dass diese unabdingbar mit dem Gerechtigkeitsempfinden zusammenhängt. Das Outcome der Patienten hat für die Existenz von fairem Verhalten seitens des Krankenhauses den Inputs wie Zeit, Geld, Schmerzen, etc. zu entsprechen.[72]

3.2 Theoretische Begründung prozeduraler Gerechtigkeit mittels der Referent Cognitions Theorie

Zur Begründung der Beteiligung einer Person an einem Prozess kann die Referent Cognitions Theorie (RCT) von Folger (1986)[73] herangezogen werden. Zur Entwicklung der RCT setzen seine Überlegungen bei der Equity Theorie an, die auf vier unterschiedliche Inputs und Outcomes Bezug nimmt, um Ungerechtig-

---

[69] Hier herrschen unterschiedliche Ansichten, da andere Forscher zu dem Schluss kommen, dass nicht immer der Preis die determinierende Variable ist. Vgl. Huppertz/Arenson/Evans (1978), S. 256 f.
[70] Vgl. Huppertz/Arenson/Evans (1978), S. 259.
[71] Vgl. Oliver/Swan (1989a), S. 379 f.
[72] Vgl. Swan/Sawyer/Van Matre/McGee (1985), S. 16.
[73] Vgl. Folger (1986).

keiten zu erklären. Folger konzentriert sich dagegen auf den Vergleich zwischen einem tatsächlichen Ausgang eines Ereignisses und einem alternativen denkbaren Ereignis, das aufgrund von Erwartungen und Erfahrungen entsteht.[74] Die RCT zeigt auf, dass die Teilnahme von Personen an einem Prozess, der zu einem bestimmten Ergebnis führt, Einfluss auf das Gerechtigkeitsempfinden der Beteiligten haben kann. Es wird deutlich, dass Verärgerung über ein schlechtes Ergebnis maximiert wird, wenn Individuen glauben, dass der Einsatz eines anderen Prozesses zu einem besseren Resultat geführt hätte.[75] Von großer Bedeutung ist in diesem Zusammenhang die Betrachtung der Angemessenheit des Handelns von verantwortlichen Parteien, auf die ein negatives Ergebnis zurückgeführt werden kann. Unzufriedenheit mit Outcomes wird nur reduziert, wenn die Entscheidungen in einem Prozess von Unternehmen genügend erklärt und von Kunden moralisch akzeptiert werden.[76]

Mittels der RCT lässt sich die Beziehung zwischen distributiver und prozeduraler Gerechtigkeit konzeptualisieren. Personen reagieren besonders verärgert über ein erhaltenes Ergebnis und betrachten dieses als unfair, wenn ihnen bewusst wird, dass sie stattdessen ein besseres Resultat erhalten könnten, aber auch wenn Prozesse und Gegebenheiten, die ein besseres Ergebnis verhindern, ungeeignet für die Zielerreichung sind. Durch die Kombination dieser beiden Annahmen wird die Wahrnehmung distributiver Gerechtigkeit maximiert, bzw. es wird ein "high referent outcome" und eine "low justification" für die Maßnahmen und Prozesse, die zu dem erhaltenen Outcome führen, deutlich.[77]

Erklärungsbeitrag der Referent Cognitions Theorie

Die Bedeutung unterschiedlicher Prozesse, die Einfluss auf den Ausgang eines bestimmten Ergebnisses haben, zeigt das Experiment von Kahneman/Tversky (1982). In ihrer Studie informieren sie Probanten über folgenden Tatbestand: Zwei Kunden einer Fluggesellschaft, Crane und Tees, haben beide unterschiedliche Flüge gebucht und sollen den Flughafen zur gleichen Zeit verlassen. Bei-

---

[74] Vgl. Folger (1986), S. 158 f.
[75] Vgl. Cropanzano/Folger (1989), S. 293 f.
[76] Vgl. Folger (1987), S. 145.
[77] Vgl. Folger (1987), S. 146.

de werden in der gleichen Limousine zum Flughafen gebracht, kommen jedoch erst dreißig Minuten aufgrund von Stau nach Abflugzeit an. Während Crane mitgeteilt wird, dass der Flug pünktlich gestartet ist, informiert man Tees darüber, dass sein Flug Verspätung hatte und vor fünf Minuten gestartet ist. Die Probanten werden nun vor die Frage gestellt, welcher der beiden Passagiere nun verärgerter ist. 96% der Probanten geben an, dass Tees aufgebrachter über den verpassten Flug reagieren wird.[78] Zur Erklärung dieser Ergebnisse ergibt sich, dass für Tees die psychologische Distanz zwischen der Tatsache den Flug verpasst zu haben und der Referenzsituation den Flug wahrzunehmen, kleiner ist. Es steht jedoch fest, dass Tees Verärgerung keine Begründung für ein unfaires Ergebnis und damit distributiver Ungerechtigkeit ist. Voraussetzung für die Berechtigung, den Flug tatsächlich in Anspruch zu nehmen, ist der Kundenbeitrag zu einem fairen Austausch mit der Fluggesellschaft in Form bestimmter Inputs, wie Kauf eines Tickets und Pünktlichkeit. Im Fall, dass sich Tees aufgrund des Fehlverhaltens seines Fahrers (z.B. falsche Route) verspätet, kann das Outcome als unfair wahrgenommen werden, da es durch ein anderes Handeln hätte vermieden werden können. Hier zeigt sich, dass bestimmte Prozesse, wie das Wählen einer falschen Route zum Flughafen, ein unangebrachtes Verhalten ausmachen.[79]

Van den Bos/Van Prooijen (2001) betrachten in ihrer Studie zudem den Einfluss des Faktors *Voice* auf das Gerechtigkeitsempfinden. Die RCT kann hier einen Beitrag leisten die prozedurale Gerechtigkeitsdimension *Voice* besser zu verdeutlichen.[80] Es handelt sich dabei um die Möglichkeit von Individuen sich an Entscheidungen in Form von Gehör bzw. Mitsprache zu beteiligen, indem sie ihre Meinungen und Ansichten den verantwortlichen Entscheidungsträgern mitteilen. Für den Kunden bedeutet dies, dass ihm die Möglichkeit seitens des Unternehmens gegeben wird, z.B. in Beschwerdesituationen durch seine Erklä-

---

[78] Vgl. Kahneman/Tversky (1982), S. 203; Van den Bos/Van Prooijen (2001), S. 618 f.; Folger (1987), S. 145 f.
[79] Vgl. Van den Bos/Van Prooijen (2001), S. 618 f.; Folger (1987), S. 145 f.
[80] Vgl. Van den Bos/Van Prooijen (2001), S. 616.

rungen und Sichtweisen Einfluss zu nehmen und den Beschwerdeprozess transparenter zu machen.[81]

3.3 Theoretische Begründung interpersonaler und informationaler Gerechtigkeit mittels der Sozialen Austauschtheorie

Die Soziale Austauschtheorie lässt sich den Theorien der interpersonellen Austauschprozesse zuordnen und stellt daher einen geeigneten Ansatz dar interpersonale und informationale Gerechtigkeit zu konzeptualisieren.[82] Die Austauschtheorie geht auf die Arbeiten von Homans (1960), Blau (1964) sowie Thibaut/Kelley (1959)[83] zurück. In dieser Arbeit soll sich auf die Theorie von Blau (1964) konzentriert werden, da hier explizit der soziale Austausch zwischenmenschlicher Handlungen zur Geltung kommt. Auf eine reine Kosten-Nutzen-Analyse wird in diesem Kapitel damit verzichtet. Während ökonomische Beziehungen im Mittelpunkt der Equity Theorie stehen (Kapitel 3.1.2), unterscheidet Blau zudem interaktionale Komponenten. Unter einem sozialen Austausch versteht er „voluntary actions of individuals that are motivated by the returns they are expected to bring and typically do in fact bring from others".[84] Es wird von der Annahme ausgegangen, dass beide Austauschpartner, analog zur Equity Theorie, ein ausgeglichenes Verhältnis von Inputs und Outcomes fordern.[85] Sozialer Austausch hebt sich in bedeutender Weise von einem starren ökonomischen Austausch ab. Der hauptsächliche und ausschlaggebende Unterschied besteht darin, dass ein sozialer Austausch unspezifische Verpflichtungen nach sich zieht, während sich ökonomische Transaktionen auf formale Verträge stützen, die den exakten Umfang von Leistungen festlegen. An dieser Stelle kann Vertrauen zwischen den Partnern eine große Bedeutung zugesprochen werden, da nur eine vertrauensvolle Zusammenarbeit eine flexible Ausgestaltung der Transaktionen möglich macht. Sozialer Austausch erzeugt zu-

---

[81] Vgl. Frey/Streicher/Klendauer (2004), S. 141.
[82] Eine Theorie, die eindeutig für die Begründung interpersonaler und informationaler Fairness herangezogen werden kann, hat sich bisher in der Forschung noch nicht durchgesetzt. Allein Blau berücksichtigt die soziale Komponente.
[83] Vgl. Homans (1960); Blau (1964); Thibaut/Kelley (1959).
[84] Blau (1964), S. 91.
[85] Vgl. Blau (1964), S. 89 f.

dem Gefühle persönlicher Bindungen und Erkenntlichkeit, die für eine erfolgreiche Geschäftsbeziehung Voraussetzung ist.[86]

Erklärungsbeitrag der Sozialen Austauschtheorie

Wie in Kapitel 2 angesprochen, zeichnen sich interpersonale und interaktionale Gerechtigkeitsdimensionen durch Ehrlichkeit, Vertrauen, Respekt, etc. in zwischenmenschlichen Beziehungen aus. Es ist deutlich geworden, dass diese Eigenschaften das Fairnessempfinden von Kunden prägen und u.a. Voraussetzung für eine langfristige Geschäftsbeziehung darstellen. Diese Annahmen werden auch in der Sozialen Austauschtheorie nach Blau (1964) aufgegriffen. Es kann empirisch belegt werden, dass faires Verhalten in Form von respektvollem Auftreten gegenüber Kunden, Einfluss auf deren Bindung ausübt. Indem Probleme und Anliegen der Konsumenten von Mitarbeitern ernst genommen werden, entsteht Vertrauen in das Unternehmen, das seinerseits als eine der wichtigsten Determinanten für Kundenbindung angesehen werden kann.[87] Zudem leistet die Soziale Austauschtheorie einen Beitrag zur Abgrenzung prozeduraler von interaktionaler Fairness. Auch wenn im Laufe der Jahre Forscher zu unterschiedlichen Ergebnissen kommen, geht der aktuelle Stand der Forschung von zwei unterschiedlichen Gerechtigkeitskonstrukten aus. Übertragen auf die externe Perspektive setzt prozedurale Fairness beim Austausch zwischen Unternehmen und Kunde an, während interaktionale Gerechtigkeit die Interaktion zwischen Mitarbeiter und Kunde betrachtet. Nach Cropanzano et al. (2002) kann zwar festgestellt werden, dass eine gewisse Korrelation zwischen prozeduraler und interaktionaler Gerechtigkeit besteht, die Tatsache jedoch, dass beide Dimensionen zu unterschiedlichen Konsequenzen führen, verlangt eine separate Konstruktbetrachtung.[88]

3.4 Zwischenergebnis

In der vorliegenden Arbeit werden Zusammenhänge zwischen wirtschaftlichen und sozialpsychologischen Konstrukten betrachtet. Aus diesem Grund bietet es

---

[86] Vgl. Blau (1964), S. 93 f.; Morgan/Hunt (1994), S. 24.
[87] Vgl. Morgan/Hunt (1994), S. 24 f.
[88] Vgl. Cropanzano/Prehar/Chen (2002), S. 324/341.

sich an, auf ausgewählte Theorien, die beide Aspekte berücksichtigen, zurück-
zugreifen. Im Rahmen der Equity Theorie hat sich gezeigt, dass Kunden ihr In-
put-Outcome-Verhältnis mit dem einer Referenzperson (z.B. Anbieter) vergleichen. Im Equity Ansatz kommt damit verstärkt der ökonomische Gedanke zum
Tragen. Es ist jedoch auch deutlich geworden, dass nicht nur wirtschaftliche
Aspekte im Zuge von Gerechtigkeitswahrnehmungen eine Rolle spielen, sondern dass besonders die zwischenmenschliche Perspektive, wie sie in der Sozialen Austauschtheorie betrachtet wird, nicht zu vernachlässigen ist. Hauptsächlich konzentrieren sich die Studien, die untersuchen, inwieweit bestimmte
Theorien einen Erklärungsbeitrag für die unterschiedlichen Fairnessdimensionen leisten, auf Wirkungsammenhänge innerhalb von Organisationen. Auch
wenn eine Übertragung auf Unternehmen-Kunde-Beziehungen prinzipiell möglich ist, hat die Empirie hier, besonders im Hinblick auf die RCT, einigen Forschungsbedarf.

4. State of the Art der empirischen Forschung zu den Wirkungszusammenhängen von fairem Verhalten mit Blick auf externe Kunden

4.1 Messung und Operationalisierung von distributiver, prozedu-raler und interaktionaler Gerechtigkeit

In der Fairnessforschung haben sich im Laufe der Jahre unterschiedliche Kon-
zeptualisierungen für die Messung und Operationalisierung wahrgenommener
Gerechtigkeit herausgebildet. Die bedeutendsten Autoren, die sich mit diesem
Thema befassen, gehen von der Perspektive der organisationalen Gerechtigkeit
aus. In ihren Studien[89] handelt es sich grundsätzlich um die Frage der möglichen Dimensionalisierung von Gerechtigkeit und damit auch um die bestehen-
den Korrelationen. Colquitt (2001) kommt in diesem Zusammenhang zu dem
Schluss, dass eine Trennung in distributive, prozedurale, interpersonale und
informationale Gerechtigkeit am besten geeignet ist, Gerechtigkeitsempfinden

---

[89] Vgl. Greenberg (1993); Colquitt (2001); Colquitt/Conlon/Wesson/Porter/Ng (2001).

darzustellen.[90] Die Debatte, ob es sich bei allen vier Dimensionen um unabhängige Konstrukte handelt[91], oder ob z.b. interaktionale Gerechtigkeit doch besser
als Bestandteil prozeduraler Fairness angesehen werden soll[92], dauert an.

So umfangreich die Forschung organisationaler Gerechtigkeitsdimensionalität
auch ist, umso spärlicher stellt sie sich bei der Betrachtung von Unternehmen-
Kunde-Beziehungen dar. Auch wenn die hier relevanten Studien ebenfalls zwischen ein-, zwei-, drei- und vierfaktoriellen Modellen unterscheiden, greifen die
Autoren bei der Messung hauptsächlich auf Fragebögen zurück, die im Rahmen
der organisationalen Gerechtigkeitsforschung entwickelt wurden. Da die meisten Studien sich auf distributive, prozedurale und interaktionale Gerechtigkeit
konzentrieren, wird auch im Folgenden unter diesen unterschieden. Dabei soll
interaktionale Fairness die Annahmen interpersonaler und informationaler Gerechtigkeit mit einschließen (s.h. Abb. 2).

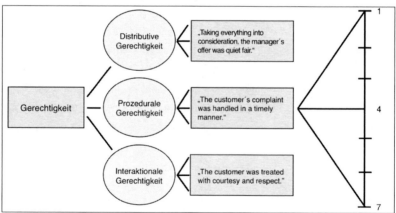

Quelle: Eigene Darstellung, in Anlehnung an: Nieschlag/Dichtl/Hörschgen (2002), S. 395.

Abb. 2: Dreidimensionale Operationalisierung des Gerechtigkeitskonstruktes

Messung distributiver Gerechtigkeit

Eine Entwicklung von Skalen[93], die speziell für die Messung wahrgenommener
distributiver Fairness und für eine kundenorientierte Sichtweise generiert wor-

---

[90] Vgl. Colquitt (2001), S. 396.
[91] Vgl. Cropanzano/Prehar/Chen (2002); Skarliki/Folger (1997); Barling/Phillips (1993).
[92] Vgl. Cropanzano/Greenberg (1997).

den sind, fand in der Gerechtigkeitsforschung bisher kaum statt. Untersuchungen stützen sich daher hauptsächlich auf vergangene Studien und ändern bestimmte Items[94] auf den eigenen zu analysierenden Kontext ab.[95]

Messung prozeduraler Gerechtigkeit

Eine der wenigen Studien, die sich mit der Messung prozeduraler Gerechtigkeit in Unternehmen-Kunde-Beziehungen intensiv beschäftigt, ist die Untersuchung von Saxby et al. (2000). Die Autoren stützen sich dabei auf die von Churchill (1979)[96] gemachten Erkenntnisse zur Skalenentwicklung. Dabei gehen sie in ihrer Untersuchung von ursprünglich 44 Items aus, die die aus der organisationalen Fairnessforschung stammenden vier Dimensionen pro- zeduraler Gerechtigkeit (bilaterale Kommunikation, Vertrautheit mit der Situation des Einzelnen, Entkräftung bzw. Anfechtung einer getroffenen Entscheidung sowie Stetigkeit und Stabilität eines Entscheidungsprozesses) abbilden und im Laufe der Analyse auf neun reduziert werden.[97] Für die Skalenentwicklung werden die exploratorische Faktorenanalyse (strukturentdeckendes Verfahren) mit der Varimax-Rotation, Cronbach´s Alpha und die Item-to-Item Korrelation herangezogen. Zusätzlich wird die konfirmatorische Faktorenanalyse (struk-turprüfendes Verfahren) durchgeführt, um die Wahrnehmungen der Kunden bezügl. des Beschwerdeprozesses zu durchleuchten und zu einer eindimensionalen prozeduralen Lösung zu gelangen. Die verbliebenen neun Items wie z.B. "Gave an explanation regarding how my complaint was evaluated." sind alle valide und reliabel. Der GFI beträgt 0,937 und der AGFI zeigt einen Wert von 0,896 auf. Eine 5-Punkt-Likert Skala[98] wird zur Messung verwendet.[99] Im Ergebnis zeigt

---

[93] Unter einer Skala versteht man ein Messinstrument, das einem Merkmalsträger einen entsprechenden Wert zuweist. Die Gütemaße einer Skala werden auf S. 30 f. im Text dieser Arbeit erläutert. Vgl. Nieschlag/Dichtl/Hörschgen (2002), S. 394 f.

[94] Ein Item ist ein Element einer Skala. Es kann als Frage, Meinung oder Aussage formuliert werden. Vgl. Nieschlag/Dichtl/Hörschgen (2002), S. 396.

[95] Vgl. Martínez-Tur/Peiró/Ramos/Moliner (2006), S. 108; Kim/Kim/Kim (2009), S. 53; Blodgett/Hill/Tax (1997), S. 194; Severt (2002), S. 49.

[96] Vgl. Churchill (1979).

[97] Vgl. Saxby/Tat/Thompson Johansen (2000), S. 209.

[98] Bei einer Likert-Skala handelt es sich um eine Methode zur eindimensionalen Messung von Einstellungen, deren Abfragung durch Items erfolgt. Vgl. Nieschlag/Dichtl/Hörschgen (2002), S. 406 f.

sich, dass es sich bei prozeduraler Gerechtigkeit im Beschwerdekontext um ein eindimensionales Konstrukt handelt. Dennoch wird das Interesse der Konsumenten in Bezug auf den Umgang mit ihrer Beschwerde an den Aspekten der ursprünglichen vier Dimensionen deutlich. Zum einen legen sie Wert darauf, dass ihre Beschwerde auf die gleiche Art und Weise wie die anderer Kunden bearbeitet wird, zum anderen wird erwartet, dass ihnen die Möglichkeit gegeben wird, eine Entschädigung zurückzuweisen, falls diese den Unannehmlichkeiten und Verlusten nicht genügend entspricht. Die Autoren kommen damit zu dem Schluss, dass Kunden Gerechtigkeit im Beschwerdeprozess, wie auch beim Ergebnis in Form einer Rückerstattung oder Ausgleichs getrennt bewerten. Dies unterstreicht die Existenz der separaten Dimensionen distributiver und prozeduraler Gerechtigkeit.[100]

Messung interaktionaler Gerechtigkeit

Auch die Messung interaktionaler Gerechtigkeit zeigt in der bisherigen Forschung große Lücken auf. Wie im Fall der distributiven Gerechtigkeit wird auch hier in empirischen Studien auf frühere Skalen zurückgegriffen und für den jeweiligen Kontext modifiziert. Uneins ist man sich hier zum Teil bei der Behandlung interaktionaler und prozeduraler Gerechtigkeit. Wie auch Severt (2002) bemerkt, behandeln manche Forscher beide Dimensionen als ein Konstrukt; verfolgen damit also nur eine zwei-faktorielle Operationalisierung.[101]

Voraussetzung für die Güte einer Skala ist neben Objektivität vor allem Reliabilität und Validität. Objektivität ist dann gegeben, wenn keiner der Forscher auf die Ergebnisse bewusst oder unbewusst einwirkt. Verzerrungen können damit ausgeschlossen werden. Stabilität und Konsistenz einer Skala können mit Hilfe der Reliabilität überprüft werden. Man spricht von einer reliablen Messung, wenn die Messung exakte Werte liefert, d.h. dass die erhobenen Werte bei wiederholter Messung reproduziert werden. Eine Zufallsmessung wird damit aus-

---

[99] Vgl. Saxby/Tat/Thompson Johansen (2000), S. 211 ff.
[100] Vgl. Saxby/Tat/Thompson Johansen (2000), S. 214.
[101] Vgl. Severt (2002), S. 48 f.

geschlossen. Ob ein Verfahren auch das misst, was es zu messen vorgibt, kann mittels der Validität (Inhalts,- Kriteriums,- und Konstruktvalidität) ermittelt werden. Es handelt sich um eine Übereinstimmung von Messwerten und realen Merkmalsausprägungen. Neben der exploratorischen Faktorenanalyse und der Item-to-Item-Korrelation ist der Koeffizient Cronbach´s Alpha α mit einem Wertebereich von $0 \leq \alpha \leq 1$ ein Maß für die Beurteilung von Reliabilität und Validität. Daneben unterscheidet man Verfahren der zweiten Generation, wie Chi-Quadrat, den Goodness of fit-Index (GFI) und den Adjusted Goodness of fit-Index (AGFI).[102]

Beziehungen zwischen den Gerechtigkeitsdimensionen

Auch wenn empirisch bestätigt werden konnte, dass es sich um unabhängige Fairnesskonstrukte handelt, zeigen sich wechselseitige Beziehungen der Gerechtigkeitsdimensionen, die einen Hinweis auf ihre enge Verbundenheit geben. So stellte sich in der Vergangenheit die Frage nach der interaktionalen Komponente als soziale Form prozeduraler Gerechtigkeit. Es lassen sich in diesem Zusammenhang bestimmte Interaktionen feststellen, indem ein als positiv beurteilter Prozess seitens des Kunden durch bestimmtes Verhalten von Mitarbeitern beeinträchtigt werden kann. Tritt z.B. ein Kundenberater unverschämt und ohne Respekt gegenüber dem Kunden auf, nimmt die damit verbundene interpersonale Gerechtigkeit einen negativen Einfluss auf die prozedurale Komponente (Wiederherstellungsprozess). Auch ein schlecht informierter Konsument kann den Prozess als unfair einstufen. Interaktionen zeigen sich auch bei distributiver und prozeduraler Gerechtigkeit wie auch bei der Interaktion distributiver und interaktionaler Gerechtigkeit. Dennoch kann von eigenständigen Konstrukten ausgegangen werden.[103]

---

[102] Vgl. Nieschlag/Dichtl/Hörschgen (2002), S. 427 ff.
[103] Vgl. Tax/Brown/Chandrashekaran (1998), S. 63 f.; Goodwin/Ross (1992), S. 160.

4.2 Empirische Studien zum Zusammenhang zwischen wahrgenommener Fairness und Verhaltensreaktionen von externen Kunden

4.2.1 Befunde zu den direkten Auswirkungen der Fairnessdimensionen auf Kundenzufriedenheit

Kundenzufriedenheit ist in der heutigen Zeit eine der häufigsten und bedeutendsten untersuchten Unternehmensgrößen. Ziel eines jeden Unternehmen ist es neue und bestehende Kunden an sich zu binden, indem diese bestimmte Einkäufe wieder tätigen oder in Anspruch genommene Dienstleistungen an Dritte weiterempfehlen. Voraussetzung für diesen Prozess ist die Zufriedenheit des Kunden mit den angebotenen Leistungen. Dabei werden Konsumentenerwartungen mit subjektiven Erfahrungen, die aus dem direkten Kontakt mit Konsumgütern und Dienstleistungen entstehen, verglichen. Das Confirmation-Disconfirmation-Paradigma spielt hier eine relevante Rolle.[104]

Zur Untersuchung des Einflusses von Gerechtigkeit auf Kundenzufriedenheit werden im Folgenden zwischen Studien unterschieden, die wahrgenommene Gerechtigkeit infolge eines Produktkaufs und der Inanspruchnahme von Dienstleistungen betrachten. Die wachsende Bedeutung von Dienstleistungen und zunehmende Unzufriedenheit mit Serviceleistungen machen eine Ursachenanalyse in diesem Zusammenhang dringend notwendig, auch um die Entstehung von Kundenbewertungen in Bezug auf Dienstleistungen besser zu verstehen. Eine explizite Abgrenzung zwischen Produkten und Dienstleistungen erscheint daher sinnvoll.

Studien im Konsumgütermarkt

Oliver/Swan (1989b) untersuchen im Kontext des Autokaufs Kundenzufriedenheit im Hinblick auf deren Beeinflussung durch die aus der Equity-Forschung resultierenden Konzepte Fairness und Präferenzen. Ziel dieser amerikanischen Studie ist es, die Stärke des Einflusses von wahrgenommenen Inputs und Out-

---

[104] Vgl. Meffert/Bruhn (2003), S. 195.

comes auf das Gerechtigkeitsempfinden zu durchleuchten. Zudem soll heraus-
gefunden werden, welche Rolle Inputs und Outcomes in Bezug auf Präferenzen
sowie Kundenzufriedenheit und Intentionen (i.S.v. Verhaltens-absichten) spielen. Eine Differenzierung des Fairnesskonstruktes in die verschiedenen Gerechtigkeitsdimensionen findet hier nicht statt.[105]

Für die Studie können 415 Probanten gewonnen werden. Bei der Messung von
Inputs und Outcomes ist zu beachten, dass diese sich bei Verkäufern und Käufern stark unterscheiden können. Nach einigen Pretests können 28 Items formuliert werden, von denen ein Teil bestimmte Inputs und Outcomes wiedergeben, wie z.B. *bargaining* und *attentiveness* (Inputs des Käufers) oder auch *time*,
effort und *good price deal* (Inputs des Verkäufers). Items, die Fairness und
Präferenzen messen sind z.B. "I was treated fairly by my salesperson." oder "I
think I got more out of the deal than my salesperson." Sowohl Input- und Out-
comeitems, wie auch die Items von Fairness und Präferenzen werden mit einer
7-Punkt-Likert-Skala gemessen. Für die Messung der Zufriedenheit mit sechs
Items verwendet man die von Westbrook/Oliver (1981)[106] getesteten Skalen.
Diskonfirmation mit dem Verkäufer kann durch die 3-Item-Skala "better than
expected/worse than expected" von Oliver (1980)[107] gemessen werden.[108]

Das Strukturgleichungsmodell (s.h. Abb. 3) mit der Maximum Likelihood Schätzung wird zur Messung verwendet, um die Abhängigkeiten zwischen den relevanten Variablen und Messfehler zu identifizieren. Dabei bedient man sich der
Statistiksoftware LISREL[109]. Als exogenen Variablen fungieren Inputs und Outcomes von Verkäufern und Käufern. Die endogenen Variablen werden durch
Fairness, Präferenzen, Kundenzufriedenheit und Intentionen dargestellt.

---

[105] Hypothesen:
    H_1: The equity concept of fairness is a positive function of buyer´s and seller´s outcomes and
    a negative function of buyer´s and seller´s inputs, all as perceived by the buyer.
    H_2: The equity concept of preference is a positive function of buyer´s perceived outcomes
    and a negative function of buyer´s perception of seller´s outcomes.
    H_3: Satisfaction is a function of fairness, preference and disconfirmation.
    H_4: Intention is a function of satisfaction. Vgl. Oliver/Swan (1989b), S. 22/27 f.
[106] Vgl. Westbrook/Oliver (1981), S. 94.
[107] Vgl. Oliver (1980), S. 463.
[108] Vgl. Oliver/Swan (1989b), S. 28 f.
[109] LISREL (Linear-Structural-Relations-System) ist ein Analyseverfahren zur Berechnung von
Kausalmodellen. Es dient der Komplexitätsreduktion und wird hauptsächlich zur Analyse li-
nearer Zusammenhänge verwendet. Vgl. Nieschlag/Dichtl/Hörschgen (2002), S. 489 f.

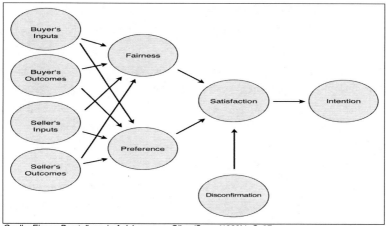

Quelle: Eigene Darstellung, in Anlehnung an: Oliver/Swan (1989b), S. 27.

Abb. 3: Strukturgleichungsmodell zur Darstellung des Einflusses von Fairness auf Kundenzufriedenheit und Verhaltensabsichten

Die Ergebnisse des Strukturgleichungsmodells zeigen, dass die zu Beginn aufgestellten Hypothesen nur zum Teil bestätigt werden können. Es wird deutlich, dass nur die Inputs der Verkäufer und Outcomes der Käufer positiv mit Fairness in Beziehung stehen. Dies lässt den Schluss zu, dass die Inputs der Konsumenten für die Entstehung von Gerechtigkeitsurteilen von nachrangiger Bedeutung sind. Auffällig ist weiterhin, dass Inputs der Käufer keine signifikante Rolle spielen, Präferenzen zu erklären. Dennoch kann ein positiver Wert von 0,145 festgestellt werden, von dem angenommen wird, dass er auf Multikollinearität[110] und eine falsche Auslegung des Bewertungsmodells zurückzuführen ist. Hypothese 2 kann ohne weiteres bestätigt werden. Bei der Überprüfung der dritten Vermutung wird deutlich, dass Fairness das Zufriedenheitsurteil der Kunden bestimmt, wobei die Präferenzen nicht mit Kundenzufriedenheit korrelieren. Die gemachten Annahmen für Diskonfirmation, wie auch für Hypothese 4 können ebenfalls bestätigt werden. Die Güte des Modells kann mit einem Chi-Quadrat

---

[110] Tritt der Fall der Multikollinearität ein, sind die Prädiktoren nicht mehr unabhängig. Die Folge sind verzerrte Regressionskoeffizienten. Um das Problem der Multikollinearität zu lösen, sollten hochkorrelierende Prädiktoren eliminiert werden. Vgl. Nieschlag/Dichtl/Hörschgen (2002), S. 481 ff.

von 984,48 und einem GFI von 0,864 nachgewiesen werden. Fairness fungiert im vorliegenden Fall als Mediatorvariable. Sie nimmt Einfluss auf die Stärke des Zusammenhangs zwischen Inputs, Outcomes und Zufriedenheit, während Kundenzufriedenheit wiederum Verhaltensintentionen bedingt. Oliver/Swan identifizieren zudem egoistische bzw. egozentrische Elemente von Gerechtigkeitsurteilen, indem Käufer wahrgenommene Fairness als besonders hoch betrachten, wenn ihre Erträge und der Beitrag der Verkäufer als hoch einzustufen sind. Deutlich wird dieser Umstand durch den negativen Korrelationskoeffizienten mit einem Wert von -0,73.[111]

Auch Oliver/Swan (1989a) befassen sich mit den Wirkungen von Gerechtigkeit auf Kundenzufriedenheit im Automobilmarkt. Sie kommen zu dem Ergebnis, dass Konsumenten Gerechtigkeit als weitaus stärker wahrnehmen, wenn sie ein besseres Input-Outcome Verhältnis als das des Anbieters vorweisen können. Fairness kann zudem als bedeutender Einflussfaktor in Bezug auf Kundenzufriedenheit bestätigt werden.[112]

Studien im Dienstleistungssektor

In der Untersuchung von Clemmer (1993) werden die Wirkungszusammenhänge zwischen Gerechtigkeitswahrnehmungen im Kundenkontakt und Zufriedenheit mit Dienstleistungen untersucht.[113]

Die Analyse zeichnet sich durch zwei Schritte aus. Zu Beginn erfolgt eine qualitative Phase, in der die relevanten Dimensionen von Fairness identifiziert werden. In der quantitativen Phase werden Gerechtigkeitsgrundsätze (z.B. Wartezeit, Flexibilität, Kosten, etc.) in Fragebögen integriert, um zu testen, ob distributive, prozedurale und interaktionale Dimensionen mit distributiver Zufriedenheit,

---

[111] Vgl. Oliver/Swan (1989b), S. 29 ff.
[112] Vgl. Oliver/Swan (1989a), S. 379.
[113] Hypothesen:
H_1: Service Fairness can be categorized into fair outcomes, fair procedures, and fair interactions. Each category has principles.
H_2: Perceptions of fairness in procedures and interactions are related to satisfaction with outcomes, and also to overall satisfaction and return intentions. Vgl. Clemmer (1993), S. 193/197 f.

Gesamtzufriedenheit oder der erneuten Inanspruchnahme der Dienstleistung in Beziehung stehen.[114]

Die Untersuchungen stützen sich auf Besuche in Fastfood-Restaurants, Restaurants, Arzt- und Bankbesuche. Der endgültige Fragebogen besteht aus sechs Skalen und 64 Items und wird von 446 Kunden beantwortet. Drei der Skalen basieren auf den Grundsätzen jede der drei Fairnessdimensionen. Die anderen drei Skalen messen die Konstrukte distributive Gerechtigkeit, Gesamtzufriedenheit und erneute Inanspruchnahme des Services bei einem bestimmten Anbieter.[115]

Es kann festgestellt werden, dass Fairness von Dienstleistungen in distributive, prozedurale und interaktionale Gerechtigkeit kategorisiert werden kann. Dies kann von der Sortierung von fairen und unfairen Erfahrungen durch die Probanten abgeleitet werden. Die spezifischen Gerechtigkeitsgrundsätze können mit jeder der drei Dimensionen verbunden werden. Während die erste Hypothese hiermit bestätigt wird, bewahrheitet sich die zweite Hypothese durch die Analysen nur zum Teil.[116] Zudem lassen sich auf den ersten Blick keine Unterschiede zwischen den Dienstleistungen erkennen. Auch wenn Kunden anfangs prozedurale und interaktionale Gerechtigkeit im Rahmen von Arzt- und netten Restaurantbesuchen bedeutsamer für ihre Zufriedenheit und bei Besuchen von Banken und Fastfood-Restaurants als weniger wichtig einstufen, kann diese Studie andere Ergebnisse vorweisen. Die Tests haben gezeigt, dass die Art der Dienstleistung keine offensichtliche Rolle spielt, die relative Bedeutung der Gerechtigkeitskategorien zu bestimmen. Prozedurale und interaktionale Fairness leisten in dieser Studie ihren eigenen Beitrag zu Kundenzufriedenheit, was die These unterstützt sie als zwei unterschiedliche Konstrukte anzuerkennen. Zum Schluss ist zu bemerken, dass Clemmers´ Studie die Bedeutung von Gerechtigkeit für Kundenzufriedenheit hervorhebt und die Hypothese, dass Fairnesskategorien und deren Grundsätze mit Dienstleistungen in Beziehung stehen, be-

---

[114] Vgl. Clemmer (1993), S. 193/197 f.
[115] Vgl. Clemmer (1993), S. 198 f.
[116] Vgl. Clemmer (1993), S. 200 f.

stätigt werden kann. Weiterhin wird die Bedeutung von Outcomes sichtbar, die laut Clemmer in Untersuchungen bez. Dienstleistungen deutlich zu kurz kommen.[117]

Martínez-Tur et al. (2006) untersuchen in ihrer Laborstudie die Effekte distributiver, prozeduraler und interaktionaler Gerechtigkeit auf Kundenzufriedenheit unter Berücksichtigung der Annahmen des Disconfirmation-Paradigmas, das von Clemmer (1993) nicht beachtet worden ist. In der folgenden Untersuchung wird die relative Bedeutung der drei Gerechtigkeitsdimensionen getestet, um Kundenzufriedenheit im Dienstleistungssektor zu prognostizieren.[118]

Für die Untersuchung werden 38 Hotels und 40 Restaurants, die sich an der spanischen Mittelmeerküste befinden, herangezogen. Insgesamt besteht die Stichprobe aus 568 verwendbaren Probantenbefragungen, die sich aus 275 Hotelkunden und 293 Restaurantkunden zusammensetzen.[119] Zur Messung der Konzepte Diskonfirmation von Erwartungen und wahrgenommener Leistung (Kontrollvariablen), der drei Gerechtigkeitsdimensionen und der Kundenzufriedenheit, werden in dieser Studie jeweils ein bzw. drei Items verwendet, die alle reliabel und valide sind (s.h. Tab. 1 im Anhang).[120]

Zur Überprüfung von Hypothese 1 wird die Summe der quadrierten Abweichungen (*squared semipartial correlations*) verwendet. Hypothese 2 kann mit der hierarchischen multiplen Regression getestet werden.[121] Die Ergebnisse zeigen deutlich, dass sowohl H_1 und H_2 für Hotels wie auch für Restaurants bestätigt werden können. Diskonfirmation von Erwartungen und Leistungen nehmen in beiden Einrichtungen signifikanten Einfluss auf Kundenzufriedenheit, ebenso wie alle drei Gerechtigkeitsdimensionen. H_1 ist damit bestätigt, indem mit einem

---

[117] Vgl. Clemmer (1993), S. 201 ff.

[118] Hypothesen:
H_1: Distributive, procedural, and interactional justice dimensions will differ in their predictive power of customer satisfaction.
H_2: Justice dimensions will predict an additional and significant satisfaction variance beyond the predictive power of the expectancy disconfirmation paradigm. Vgl. Martínez-Tur/Peiró/Ramos/Moliner (2004), S. 106.

[119] Vgl. Martínez-Tur/Peiró/Ramos/Moliner (2004), S. 106 f.

[120] Vgl. Martínez-Tur/Peiró/Ramos/Moliner (2004), S. 108.

[121] Vgl. Martínez-Tur/Peiró/Ramos/Moliner (2004), S. 109.

Koeffizienten von 0,129 für Hotels bzw. 0,084 für Restaurants festgestellt werden kann, dass der Beitrag distributiver Gerechtigkeit zu Kundenzufriedenheit größer als bei interaktionaler Gerechtigkeit (Wert von 0,017 für Hotels und Restaurants) ist. Die Summe der quadrierten Abweichungen von interaktionaler Fairness wiederum erweist sich höher als bei prozeduraler Gerechtigkeit (Wert von 0,007 für Hotels bzw. 0,004 für Restaurants). Damit wird deutlich, dass nicht alle Dimensionen in gleicher Stärke auf Kundenzufriedenheit wirken. Distributive Gerechtigkeit hat in dieser Studie die dominierende Rolle inne und kann vor interaktionaler und prozeduraler Fairness den höchsten Einfluss vorweisen. Dies führt zu dem Schluss, dass für Kunden der materielle Austausch in Form eines ausgeglichenen Inputs und Outcomes überwiegt.[122]

4.2.2 Ausgewählte Studien zu dem Einfluss von wahrgenommener Gerechtigkeit auf Beschwerdereaktionen- und Zufriedenheit nach Produkt- und Servicefehlern

In diesem Kapitel soll das Kundenverhalten im Beschwerdemanagement im Mittelpunkt stehen. Die Unzufriedenheit mit einem Produkt, einer Dienstleistung oder einer Beschwerde kann sich durch unterschiedlichste Reaktionen seitens der Konsumenten äußern. Dabei handelt es sich nicht nur um die Forderung von Entschädigung oder das Einschalten von Verbraucherschutzverbänden, sondern auch um Aspekte der Kundenloyalität, wie Wiederkaufabsichten (WKA)[123], die Absicht zur Weitergabe von positiver bzw. negativer Mundpropaganda an Bekannte und Verwandte (WOM) und Cross-Buying-Effekte. Während WOM mit der Absicht verbunden ist anderen Personen über seine (Un-) Zufriedenheit in Folge eines Produktkaufs oder Services zu berichten, zielt WKA darauf ab, die Leistungen des Anbieters erneut in Anspruch zu nehmen und dem Unternehmen als Kunde erhalten zu bleiben.[124] Strategien um das ursprüngliche Zufriedenheitsniveau wieder herzustellen, wie Ermäßigungen,

---

[122] Vgl. Martínez-Tur/Peiró/Ramos/Moliner (2004), S. 111 f.
[123] WKA bezeichnet in der Dienstleistungsbranche Wiederbesuchabsichten. Auf eine explizite Betitelung wird hier verzichtet.
[124] Vgl. Koschate (2002), S. 18 f.

Nachbesserungen oder einfache Entschuldigungen, finden sich bei Kelley et al. (1993).[125]

Studien im Konsumgütermarkt

Die Laborstudie von Blodgett et al. (1997) beschäftigt sich grundsätzlich mit dem Einfluss der drei Gerechtigkeitsdimensionen auf WKA- und WOM-Verhalten. Zudem wird den Fragen nachgegangen, welche Gerechtigkeitsdimensionen den stärksten Einfluss auf Beschwerdereaktionen ausüben und ob Beziehungen zwischen den einzelnen Dimensionen bestehen. Außerdem wird untersucht, in welchen Kombinationen distributive, prozedurale und interaktionale Fairness zu den positivsten Beschwerdereaktionen führen.[126] Für die Untersuchung können 265 Antworten gewonnen werden, von denen 61% weibliche und 39% männliche Probanten sind. Die Items werden mit 7-Punkt-Likert-Skalen gemessen, die durch "very likely/very unlikely" bzw. "more than expected/less than expected" beurteilt werden können. Eine hohe Reliabilität und Validität der Skalen werden mit $\alpha = 0,91$ für WKA und $\alpha = 0,87$ für negative WOM-Absichten nachgewiesen. Für die Messung von distributiver und interaktionaler Gerechtigkeit zieht man jeweils vier Items heran, für die Messung prozeduraler Fairness und der Einstellung eines Käufers gegenüber Beschwerden verwendet man jeweils drei Items. Auch Wiederkauf- und WOM-Absichten werden mit 3 Items gemessen, wie z.B. "If this situation had happened to me I would never shop at this store again." oder "How likely would you be to warn your friends and relatives not to shop at this retail store?"[127] Es wird im Folgenden die Varianzanalyse verwendet. Im Ergebnis zeigt sich, dass die Hypothesen, distributi-

---

[125] Vgl. Kelley/Hoffman/Davis (1993), S. 438 ff.

[126] Hypothesen:
H_{1a}: Distributive justice will have a positive effect on complaints´ repatronage intentions.
H_{1b}: Distributive justice will have a negative effect on complaints´ negative WOM intentions.
H_{2a}: Interactional justice will have a positive effect on complaints´ repatronage intentions.
H_{2b}: Interactional justice will have a negative effect on complaints´ negative WOM intentions.
H_{3a}: Procedural justice will have a positive effect on complaints´ repatronage intentions.
H_{3b}: Procedural justice will have a negative effect on complaints´ negative WOM intentions.
Vgl. Blodgett/Hill/Tax (1997), S. 191.

[127] Cronbach´s Alpha beträgt bei distributiver und interaktionaler Gerechtigkeit $\alpha=0,92$ bzw. $\alpha=0,95$ sowie bei prozeduraler Fairness und Einstellung gegenüber Beschwerden $\alpha=0,85$ bzw. $\alpha=0,75$. Vgl. Blodgett/Hill/Tax (1997), S. 194 f.

ve und interaktionale Gerechtigkeit betreffend, bestätigt werden, während die Annahmen in Bezug auf prozedurale Fairness nicht geltend gemacht werden können. Distributive und interaktionale Gerechtigkeit wirken sich in hohem Maße positiv auf WKA der Individuen aus und haben einen negativen Einfluss auf negatives WOM-Verhalten. Dies bedeutet, dass Individuen, die distributive und interaktionale Fairness deutlicher wahrnehmen, bei dem gleichen Unternehmen wieder einkaufen würden und nur positiv über den Anbieter berichten. Weiterhin wird deutlich, dass ein niedrigeres Ausmaß an distributiver Gerechtigkeit durch ein hohes Maß interaktionaler Fairness ausgeglichen werden kann. Werden Kunden also mit Respekt behandelt, und geht der Anbieter in ausreichendem Maße auf die Bedürfnisse der Kunden ein, kann dadurch eine eigentlich unzureichende Entschädigung kompensiert werden, und das Unternehmen verliert den Nachfrager nicht als Kunden. Die Bedeutung interaktionaler Gerechtigkeit wird zudem sichtbar, wenn der Kunde unfreundlich behandelt und sein Problem nicht ernst genommen wird. In diesem Fall hat auch der Umfang der Rückerstattung keinen positiven Effekt auf WOM oder WKA.[128]

Auch Blodgett et al. (1993) und Blodgett et al. (1995) können in ihren Studien wahrgenommene Gerechtigkeit als eine der Hauptdeterminanten für WOM und WKA identifizieren.[129] Während Blodgett et al. (1993) nicht zwischen den vier möglichen Gerechtigkeitsdimensionen unterscheiden, untersuchen Blodgett et al. (1995) den Zusammenhang zwischen distributiver bzw. interaktionaler Fairness sowie WOM und WKA nach Kundenbeschwerden. Wie angenommen, zeigen sich ein negatives WOM sowie eine Abwanderung von Kunden, die Gerechtigkeit als niedrig einstufen. Interaktionaler Gerechtigkeit kommt auch hierbei wieder große Bedeutung zu. Für den Kunden ist es demnach ausschlaggebend nicht nur eine faire Entschädigung in Form eines Ersatzproduktes oder einer Rückerstattung zu erhalten, sondern vor allem mit Respekt behandelt zu

---

[128] Vgl. Blodgett/Hill/Tax (1997), S. 201 f.
[129] Vgl. Blodgett/Granbois/Walters (1993), S. 416; Blodgett/Wakefield/Barnes (1995), S. 36.

werden und den Eindruck zu gewinnen, dass seine Probleme und Bedürfnisse vom Mitarbeiter ausreichend beachtet werden.[130]

Studien im Dienstleistungssektor

Bei dem Konstrukt der Beschwerdezufriedenheit handelt es sich um „die Zufriedenheit des Kunden mit der Antwort eines Unternehmens auf seine Beschwerde."[131] Um die Effekte distributiver, prozeduraler und interaktionaler Gerechtigkeit auf Beschwerdezufriedenheit und zukünftige Verhaltensabsichten (abhängige Variablen) zu untersuchen, führen Sparks/McColl-Kennedy (2001) eine Laborstudie durch. Die unabhängigen Variablen stellen in dieser Untersuchung *Outcome* (distributive Gerechtigkeit), *Voice* und *Neutrality* (prozedurale Gerechtigkeit) sowie *Concern* (interaktionale Gerechtigkeit) dar. 420 Probanden können für die Studie gewonnen werden. Die Items werden auf einer 7-Punkt-Skala gemessen und fordern die Probanden auf, z.B. das Ausmaß des Interesses des Dienstleistungsanbieters gegenüber Kundenanliegen zu bestimmen oder auszudrücken, inwieweit den Kunden die Möglichkeit gegeben wird, ihre Meinungen zu äußern. Für die Messung wird die Varianzanalyse verwendet.[132] Im Ergebnis werden neben Haupteffekten auch Einflüsse der verschiedenen Gerechtigkeitskombinationen auf Beschwerdezufriedenheit und Verhaltensabsichten sichtbar. Während *Voice* und *Neutrality* einzeln keinen signifikanten Einfluss auf Beschwerdezufriedenheit oder Absichten ausüben, sind die Art und Weise wie der Dienstleistungsanbieter auf die Belange seiner Kunden reagiert und das *Outcome* wichtige Komponenten für positives Kundenverhalten. Zudem haben *Neutrality* und *Outcome* einen Interaktionseffekt auf Beschwerdezufriedenheit. Diese wird von den Kunden als höher wahrgenommen, wenn eine angemessene Entschädigung erhalten wird und der Anbieter sich neutral gegenüber dem Geschädigten verhält, anstatt sich anzubiedern.[133] Für die Interaktionsbezie-

---

[130] Vgl. Blodgett/Wakefield/Barnes (1995), S. 38.
[131] Stauss (2008), S. 348.
[132] Vgl. Sparks/McColl-Kennedy (2001), S. 213 f.
[133] In diesem Kontext wird Bezug auf Adams´ Equity Theorie genommen, nach der bei einem wahrgenommenen Ungleichgewicht von Inputs und Outcomes Gefühle wie Ärger oder Schuld hervorgerufen werden. Letztere entstehen beim Kunden, der sowohl eine Vorzugs-

hung *Neutrality* und *Voice* kann ein signifikanter Einfluss auf Verhaltensabsichten nachgewiesen werden. Kunden, deren Meinungen kein Gehör geschenkt werden, werden das Hotel eher wieder besuchen, wenn das Personal keine außergewöhnlichen Gefälligkeiten bietet. Auch die Interaktionsbeziehungen *Neutrality-Voice-Concern* verdeutlichen noch einmal, dass nicht alle Fairnesskombinationen einer Bewertung seitens der Kunden gerecht werden.[134]

Goodwin/Ross (1992) beschäftigen sich in ihrer Laborstudie mit den Wirkungszusammenhängen zwischen distributiver, prozeduraler und interaktionaler Gerechtigkeit und Beschwerdezufriedenheit, wobei sie insbesondere den Einfluss von *Voice* und *Apology* betrachten. Weitere abhängige Variablen sind wahrgenommene Fairness, Servicequalität und die Bereitschaft den Service wieder in Anspruch zu nehmen. Auch hier wird die Equity Theorie herangezogen, die untersuchten Zusammenhänge zu erklären. Es werden die Dienstleistungsanbieter KFZ-Werkstatt, Reisebüro, Zahnarzt und Lieferservice unterschieden und 285 Studenten für die Untersuchung herangezogen. Zur Messung wird die Varianzanalyse verwendet.[135] Während *Voice* und *Outcome* einen signifikanten Einfluss auf Beschwerdezufriedenheit haben, zeigt sich, dass diese durch *Apology* und *Service* nicht beeinflusst wird. Auch in dieser Studie wird die Bedeutung des Zusammenhangs zwischen den Gerechtigkeitsdimensionen deutlich. So beeinflussen *Voice* und eine angemessene Entschädigung, wie auch *Apology* und *Outcome* in Kombination Beschwerdezufriedenheit positiv.[136] Im Hinblick auf die vier Dienstleistungsanbieter kann festgestellt werden, dass eine Entschädigung einen signifikanten Einfluss im Lieferservice, Reisebüro und in der KFZ-Werkstatt hat, wohingegen die Möglichkeit des Kunden seine Meinung zu äußern, nur im Rahmen von Werkstatt- und Lieferservice für die Beschwerdezufriedenheit relevant ist. In Kombination können *Voice* und *Outcome* im Fall von

---

behandlung und zusätzlich eine Erstattung erhält. Vgl. Sparks/McColl-Kennedy (2001), S. 216.
[134] Die Autoren sprechen hier von "incongruous nature". Vgl. Sparks/McColl-Kennedy (2001), S. 216.
[135] Vgl. Goodwin/Ross (1992), S. 153.
[136] Vgl. Goodwin/Ross (1992), S. 156 f.

Fluggesellschaften und Restaurants die Zufriedenheit des Kunden nach Beschwerden steigern.[137]

Emotionale Reaktionen, die aus Erfahrungen mit Beschwerden resultieren, werden von Schoefer/Ennew (2005) analysiert. Sie beschäftigen sich in ihrer Laborstudie mit der Beziehung zwischen distributiver, prozeduraler und interaktionaler Gerechtigkeit und der Art emotionaler Reaktionen, von denen wiederum ein Effekt auf die Beschwerdezufriedenheit von Kunden ausgeht. Dabei wird in zwei Stichproben der Ablauf eines Check-in am Flughafen untersucht.[138] Die Varianzanalyse und insgesamt 384 Probanten werden für die Messung herangezogen. Positive Emotionen werden mit Items in Form von emotionalen Adjektiven wie *joyful*, *happy* oder *pleased* gemessen; negative Emotionen z.B. mit *angry*, *upset* oder *irritated*.[139] Die Skala reicht von 1 ("not at all") bis 5 ("extremely"). Es stellt sich heraus, dass alle Dimensionen wahrgenommener Gerechtigkeit kognitiv bewertet werden und hierüber positive bzw. negative Emotionen hervorrufen. Nehmen Kunden distributive, prozedurale wie auch interaktionale Fairness als sehr niedrig wahr, werden negative Emotionen wie Ärger und Enttäuschung hervorgerufen. So führt z.B. eine als niedrig eingestufte wahrgenommene distributive Gerechtigkeit zu einem höheren Maß an Wut oder Irritationen. Entsprechend verhält es sich im Fall hoher wahrgenommener Gerechtigkeit. Hier treten Gefühle wie Freude und Enthusiasmus zum Vorschein. Die Autoren identifizieren Emotionen als Mediatorvariable zwischen wahrgenommener Gerechtigkeit und Zufriedenheit mit der Bewältigung von Beschwerden von Unternehmen. Die vermutete Wirkungskette Gerechtigkeit – kognitive Bewertung – Emotionen – Beschwerdezufriedenheit kann damit bestätigt werden.[140]

---

[137] Vgl. Goodwin/Ross (1992), S. 158 f.
[138] Vgl. Schoefer/Ennew (2005), S. 264 f.
[139] Cronbach´s Alpha betrug bei positiven Emotionen in der ersten (zweiten) Stichprobe α=0,86 (0,93) bzw. bei negativen Emotionen α=0,81 (0,95). Vgl. Schoefer/Ennew (2005), S. 266.
[140] Vgl. Schoefer/Ennew (2005), S. 267.

4.2.3 Einfluss der Beschwerdezufriedenheit als Mediatorvariable auf Kundenzufriedenheit- und Loyalität

Die folgenden Studien beschäftigen sich mit dem mediierenden Einfluss der Beschwerdezufriedenheit in Bezug auf den Zusammenhang zwischen Gerechtigkeitswahrnehmungen und Kundenzufriedenheit sowie Aspekten der Kundenloyalität, wie WOM und WKA. Dazu werden in diesem Kapitel nur Studien im Dienstleistungssektor herangezogen.

In der Studie von Wirtz/Mattila (2004) wird u.a. der Frage nachgegangen, inwieweit distributive, prozedurale und interaktionale Fairness über Beschwerdezufriedenheit Einfluss auf negatives WOM und WKA nehmen. Erstattung, Schnelligkeit im Umgang mit der Beschwerde und Entschuldigung geben die drei Gerechtigkeitsdimensionen wieder. Es handelt sich um eine Laborstudie mit 187 Probanden, die Restaurantbesuche untersucht. Alle Items sind in hohem Maße reliabel und valide mit z.B. $\alpha = 0,90$ für WKA und $\alpha = 0,95$ für WOM (Items s.h. Tab. 2 im Anhang). Die Varianzanalyse wird in dieser Studie verwendet.[141] Wirtz/Mattila kommen wie erwartet zu dem Schluss, dass alle drei Gerechtigkeitsdimensionen ausschlaggebend für Zufriedenheitsbewertungen seitens der Kunden sind. H_1 kann damit bestätigt werden. Es zeigen sich ähnliche Ergebnisse wie in Kapitel 4.2.2, in dem die Effekte der unterschiedlichen Kombinationen von distributiver, prozeduraler und interaktionaler Gerechtigkeit zum Tragen kommen. In einem Prozess, der sich dadurch auszeichnet, dass eine Beschwerde schnell bearbeitet wird und der Kunde eine simple Entschuldigung erhält, hat eine Einschädigung, z.B. in Form eines Discounts keine positiven Effekte auf Beschwerdezufriedenheit. Auch die Kombination Ausgleichsangebot, verspätete Beschwerdebehandlung und keine Entschuldigung hat keine Wirkung auf die Zufriedenheit des Kunden. Wirtz/Mattila sprechen dagegen

---

[141] Hypothesen:
H_1: Compensation, speed and apology show a three-way interaction on satisfaction with service recovery.
H_2: Satisfaction with recovery is a true mediator of the various service recovery attributes (compensation, speed and apology) and post-complaint behavioural responses (repurchase intent and negative WOM). Vgl. Wirtz/Mattila (2004), S. 153.

von "mixed-bag recovery conditions", wenn sich die Beschwerdebehandlung durch Schnelligkeit und keine Entschuldigung auszeichnet und vice versa. Hier kann ein angebotener Discount zu einer signifikanten Steigerung der Zufriedenheit beim Kunden führen.[142] Auch die zweite Hypothese, die die Beschwerdezufriedenheit als Mediatorvariable zwischen den Gerechtigkeitsdimensionen und den abhängigen Variablen negatives WOM und WKA identifiziert, kann bestätigt werden. Laut Analyse zeigt sich eine Signifikanz der Beschwerdezufriedenheit, während die drei Gerechtigkeitsdimensionen keinen bedeutenden Einfluss auf WKA aufweisen können. Negatives WOM wird von Discounts und der Zufriedenheit mit dem Beschwerdeprozess beeinflusst; Schnelligkeit und Entschuldigungen sind dafür irrelevant.[143]

Maxham/Netemeyer (2002) untersuchen in ihrer Arbeit die Wirkungen distributiver, prozeduraler und interaktionaler Gerechtigkeit auf Kaufabsichten und positives WOM über die Mediatorvariablen Beschwerde- und Gesamtzufriedenheit der Kunden mit dem Unternehmen. Die Autoren führen zwei Studien als Feldexperimente durch. Die erste Studie betrachtet den Service eines Bankbesuchs, die zweite analysiert das Immobiliengewerbe. Die vier Items, die jeweils die drei Gerechtigkeitsdimensionen wiedergeben, werden alle auf einer 7-Punkt-Skala gemessen. Beschwerde- und Gesamtzufriedenheit, WOM sowie Kaufabsichten werden jeweils durch drei Items ermittelt. Die Kovarianzanalyse dient in beiden Studien zur Auswertung. Es zeigt sich, dass eine enge Beziehung zwischen Gerechtigkeit, Beschwerdezufriedenheit und loyalem Kundenverhalten besteht. Zudem wird zwischen partiellen und vollständigen Mediatoreffekten unterschieden und man kommt in beiden Studien zu dem Schluss, dass Beschwerdezufriedenheit auch als partieller Mediator fungieren kann. Damit werden nicht alle Gerechtigkeitseinflüsse auf WOM und Kaufabsichten komplett mediiert. Im Hinblick darauf identifizieren Maxham/Netemeyer ein „full model", das sich durch direkte Wege bzw. Beziehungen zwischen Gerechtigkeit

---

[142] Vgl. Wirtz/Mattila (2004), S. 161.
[143] Vgl. Wirtz/Mattila (2004), S. 160.

und Verhaltensreaktionen auszeichnet und besser als das Hypothesen-Modell erachtet wird.[144]

Eine der wenigen Studien, die sich mit der vierfaktoriellen Betrachtung der Gerechtigkeitsdimensionen (distributive, prozedurale, interpersonale und informationale Fairness) befasst, ist die Feldstudie von Ambrose et al. (2007). Wie Abb. 4 im Anhang deutlich macht, wird Beschwerdezufriedenheit hier als Mediator zwischen den Dimensionen und der Gesamteinstellung, die ein Kunde gegenüber einem Unternehmen aufweist, betrachtet. Es können 285 Probanten für die Studie gewonnen werden, die am Flughafen auf ihre Flüge warten. Alle Gerechtigkeitsdimensionen werden mit Items nach Colquitt (2001)[145] gemessen, die von Ambrose et. al. an die gegebene Situation angepasst werden. Für die Messung der Beschwerdezufriedenheit greift man auf Items von Oliver/Swan (1989b)[146] zurück. Die Gesamteinstellung der Kunden beinhaltet Verbindlichkeit, Vertrauen und WOM. Alle Items dieser drei Konstrukte werden mit einer 7-Punkt-Likert-Skala gemessen. Ein Strukturgleichungsmodell wird verwendet, um alle Hypothesen zu überprüfen.[147] Es ergibt sich wie vermutet, dass alle vier Gerechtigkeitsdimensionen signifikanten Einfluss auf die Beschwerdezufriedenheit ausüben, und diese wiederum signifikant auf die Gesamteinstellung gegenüber dem Unternehmen wirkt. Zudem zeigen bis auf informationale Gerechtigkeit alle Fairnessvariablen indirekte Effekte (vollständige Mediation) auf. Informationale Fairness übt damit einen direkten und indirekten Einfluss auf die Gesamteinstellung aus und unterstützt so eine partielle Mediation.[148]

4.2.4 Faire Preispolitik als Schlüssel zu erwünschtem Kundenverhalten

Eine kundenorientierte Preispolitik ist für Unternehmen in Zeiten des verstärkten Drucks Wettbewerbsvorteile zu erhalten und auszubauen unerlässlich. Die Erfüllung von Preiserwartungen der unterschiedlichen Kundengruppen und das stärkere Preisbewusstsein der Verbraucher sind von besonderer Bedeutung

---

[144] Vgl. Maxham/Netemeyer (2002), S. 243 ff.
[145] Vgl. Colquitt (2001), S. 389.
[146] Vgl. Oliver/Swan (1989b), S. 29 f.
[147] Vgl. Ambrose/Hess/Ganesan (2007), S. 27 ff.
[148] Vgl. Ambrose/Hess/Ganesan (2007), S. 30 f.

geworden. Hier ist das Konstrukt der Preisfairness zu berücksichtigen, das in enger Beziehung zum Preis-Leistungsverhältnis und Preiswürdigkeitsurteilen steht.[149] Die Auswirkungen einer fairen Preispolitik stehen daher im Mittelpunkt des Interesses dieses Kapitels.

Studien im Konsumgütermarkt

Hermann et al. (2000) untersuchen im Rahmen des Konsumgüterkaufs in ihrer Feldstudie die Wirkungszusammenhänge zwischen einer fairen Preispolitik des Anbieters und Kundenzufriedenheit mit einem erworbenen Produkt. Dabei differenzieren sie Zufriedenheit mit dem Produktkauf in die verschiedene Komponenten Zufriedenheit mit dem Geschäftsabschluss, Zufriedenheit mit dem Händlerservice und Zufriedenheit mit dem Zustand des Produktes bei Übergabe. Um die Beziehungen theoretisch zu fundieren, greifen die Forscher u.a. auf die Theorie der kognitiven Dissonanz zurück.[150]

Für die Analyse werden 246 Autokäufer bestimmt, die ihren Geschäftsabschluss anhand von 20 reliablen und validen Items[151] beurteilen sollen. Dazu wird eine 7-Punkt-Likert-Skala verwendet, die sich durch die Extreme „trifft auf mich vollständig zu" und „trifft auf mich überhaupt nicht zu" auszeichnet. Für die Messung der unterschiedlichen latenten Variablen werden Items, wie z.B. „Der PKW wird für private und geschäftliche Zwecke unbedingt benötigt." (Dringlichkeit des Bedarfs), oder „Alle Käufer werden vom Hersteller bzw. Händler gleich behandelt." (Preisfairness) formuliert.[152]

Als Analyse wird die Kausalanalyse verwendet und eine Schätzung der Parameter mittels LISREL durchgeführt. Wie in der Studie von Oliver/Swan (1989a) können auch hier die einzelnen Faktoren, die Einfluss auf die abhängige Größe

---

[149] Vgl. Rothenberger/Hinterhuber (2005), S. 227 ff.
[150] Hypothesen:
H_1: Preisfairness hat eine positive Wirkung auf die Zufriedenheit mit dem Geschäftsabschluss.
H_2: Von der Dringlichkeit des Bedarfs geht ein negativer Effekt auf Preisfairness aus.
H_3: Das Preis-Leistungs-Verhältnis wirkt sich positiv auf Preisfairness aus.
H_4: Die Zufriedenheit mit dem Geschäftsabschluss, mit dem Händlerservice sowie mit dem Zustand des Produktes bei Übergabe korreliert positiv mit der Zufriedenheit des Produktkaufs. Vgl. Hermann/Wricke/Huber (2000), S. 135 f.
[151] Vgl. GFI (0,99), AGFI (0,98). Vgl. Hermann/Wricke/Huber (2000), S. 138.
[152] Vgl. Hermann/Wricke/Huber (2000), S. 136 f.

nehmen, separat untersucht werden. Alle aufgestellten Hypothesen können bestätigt werden. Die Ergebnisse zeigen, dass Zufriedenheit mit dem Händlerservice den höchsten Wert aufweist und damit am stärksten mit der Zielvariablen Zufriedenheit mit dem Produktkauf korreliert (direkter Effekt). Zudem wird ein indirekter Effekt sichtbar, der über die Wirkungszusammenhänge Zufriedenheit mit dem Händlerservice, Zufriedenheit mit dem Zustand des Pkws bei Übergabe und Zufriedenheit mit dem Autokauf zustande kommt. Abb. 5 im Anhang gibt die genauen Zusammenhänge der Analyse in Form des Strukturgleichungsmodells wieder. Insgesamt kann festgehalten werden, dass Preisfairness über die Zufriedenheit mit dem Geschäftsabschluss einen positiven Einfluss auf die Zufriedenheit mit dem Autokauf ausübt, wobei diese Beeinflussung größer ist, als die, die die Zufriedenheit mit dem Händlerservice und mit dem PKW bei Übergabe auszeichnet.[153]

In der Laborstudie von Campbell (1999) fungiert im Kontext einer Auktion von Kinderspielzeug wahrgenommene Unfairness als Moderatorvariable zwischen vermutetem relativem Gewinn und vermutetem Motiv (unabhängige Variablen) sowie Kaufabsichten (abhängige Variable). Das Motiv basiert auf der Annahme, dass Konsumenten positive oder negative Vermutungen über den Beweggrund einer Preiserhöhung seitens des Unternehmens anstellen.[154]

Für die erste Studie werden 108 Probanten gewonnen. Die Varianzanalyse wird verwendet um alle Variablen zu messen. Dabei ergibt sich wie erwartet, dass sowohl der vermutete Gewinn eines Unternehmens wie auch das vermutete Motiv Einfluss auf wahrgenommene Gerechtigkeit nehmen und darüber auf Kaufabsichten wirken. H_1 und H_2 können mit den Analyseergebnissen bestätigt

---

[153] Vgl. Hermann/Wricke/Huber (2000), S. 139 ff.

[154] Hypothesen:
H_1/H_2: Inferred relative profit and inferred motive for a price change influence the perceived unfairness of the prices.
H_3: The firm´s prior reputation will influence inferred motive such that a firm with a good reputation is given the benefit of the doubt in terms of an effect of inferred profit on inferred motive, but a firm with a poor reputation is not.
H_4: Reputation will influence perceived price unfairness indirectly. Perceived unfairness is expected to lower the likelihood that a consumer will patronize the firm. Vgl. Campbell (1999), S. 193.

werden.[155] Für Studie 2, die den Effekt von Reputation auf das vermutete Motiv untersucht, werden 86 Probanten herangezogen. Auch hier wird die Varianzanalyse verwendet. Es zeigt sich, dass Reputation und der vermutete relative Gewinn Einfluss auf das vermutete Motiv nehmen. Die Bedeutung eines guten Rufes für ein Unternehmens wird mit diesen Ergebnissen deutlich. Ein positiv vermutetes Motiv, d.h. es wird angenommen, dass das Unternehmen seine Kunden nicht durch plötzliche Preiserhöhungen übervorteilt, kann sowohl durch eine gute Reputation gesteigert werden und ebenfalls dadurch, dass die Erzielung eines Gewinns für das Unternehmen ausbleibt. Preisfairness und die Bereitschaft zu weiteren Einkäufen resultieren aus dieser Wirkungskette (s.h. Abb. 6 im Anhang).[156]

Studie im Dienstleistungssektor

Das Konstrukt der Motivfairness, das von Campbell (1999) ausführlich behandelt worden ist, wird auch von Homburg et al. (2005) im Rahmen der Preisfairnessforschung unter Betrachtung der Equity Theorie aufgegriffen. Auch hier wird davon ausgegangen, dass eine Preiserhöhung als unfair wahrgenommen wird, wenn Konsumenten zu dem Schluss kommen, dass das Unternehmen ein negatives Motiv (z.B. zusätzlicher Gewinn durch Übervorteilung) mit seiner Preispolitik verfolgt. Eine Preiserhöhung wird von den Kunden dagegen als fair wahrgenommen, wenn der Anbieter steigende Kosten decken muss oder den Mitarbeitern ein höheres Gehalt zahlen will.[157] Während sich die erste Laborstudie auf den moderierenden Einfluss der Kundenzufriedenheit auf die Beziehung zwischen dem Ausmaß von Preiserhöhungen und WKA (hier in Form von Restaurantbesuchen) konzentriert, behandelt Studie 2 den Einfluss von wahrgenommener Motivfairness auf WKA nach einer Preiserhöhung. Ebenso wird in diesem Zusammenhang die Moderatorvariable Kundenzufriedenheit beleuch-

---

[155] Vgl. Campbell (1999), S. 193 ff.
[156] Vgl. Campbell (1999), S. 197 ff.
[157] In ihrer Arbeit führen Homburg/Hoyer/Koschate (2005) drei Studien durch, von denen hier nur die zweite Analyse näher betrachtet werden soll, die für die Untersuchung der Auswirkungen wahrgenommener Motivfairness relevant ist. Vgl. Homburg/Hoyer/Koschate (2005), S. 37 ff.

tet.[158] Die letzte Untersuchung geht der Frage nach, wie Kundenzufriedenheit wahrgenommene Motivfairness direkt beeinflusst.[159] Die Vermutung, dass wahrgenommene Motivfairness bedeutsamen Einfluss auf WKA ausübt, kann nachgewiesen werden. Kunden, die einen Preisanstieg auf notwendige unternehmenspolitische Maßnahmen zurückführen, also einen höheren Kaufpreis als gerecht und akzeptabel betrachten, werden ein bestimmtes Restaurant in Zukunft wieder besuchen. Die Kombination von positiv wahrgenommener Motivfairness und zufriedenen Kunden führt zu der stärksten Ausprägung an weiteren Restaurantbesuchen, wohingegen Unzufriedenheit zu negativen Reaktionen führt. Die Wirkungen von Motivfairness lassen damit im Konsumgütermarkt wie auch bei Dienstleistungen kaum Unterschiede erkennen.[160]

4.3 Determinanten des Konstruktes Fairness

4.3.1 Einflussfaktoren von distributiver, prozeduraler und interaktionaler Gerechtigkeit

Wie schon in Kapitel 2 deutlich geworden ist, bestimmen unterschiedliche Einflussfaktoren die Wahrnehmung von Fairness durch den Kunden. So determinieren z.b. Empathie und Respekt sowie die Möglichkeit des Kunden seine Meinung zu äußern interaktionales bzw. prozedurales Gerechtigkeitsempfinden. Empirische Untersuchungen behandeln zumeist organisationale Wirkungsfaktoren, wie z.B. Lohnzahlungen. Bezugnehmend auf die Unternehmen-Kunde-Perspektive soll sich im Folgenden auf Determinanten des Fairnesskonstruktes konzentriert werden, die die Gerechtigkeitsforschung bisher zu diesem Thema empirisch untersucht hat.

---

[158] Hypothesen Studie 2:
H_1: The perceived motive fairness has a positive effect on the repurchase intention after a price increase: if the customer perceives the motive as fair, the repurchase intention will be higher compared to the situation when the customer perceives the motive as unfair.
H_2: Customer satisfaction moderates the effect of the perceived motive fairness on the repurchase intention after the price increase: the effect of perceived motive fairness is stronger when customers are satisfied and weaker when customers are dissatisfied.
Vgl. Homburg/Hoyer/Koschate (2005), S. 41 f.
[159] Vgl. Homburg/Hoyer/Koschate (2005), S. 42.
[160] Vgl. Homburg/Hoyer/Koschate (2005), S. 45.

Mattila/Patterson (2004) untersuchen Faktoren, die auf die Entstehung von distributiven und interaktionalen Gerechtigkeitsurteilen bei amerikanischen und asiatischen Bürgern wirken. Explanation und Compensation stehen hier im Vordergrund und können in ihrer Studie als Determinanten wahrgenommener Gerechtigkeit identifiziert werden. Eng mit distributiver Gerechtigkeit verbunden und damit den Grundsätzen der Equity Theorie folgend, handelt es sich bei Compensation um einen Ausgleich seitens des Unternehmens, der von Kunden aufgrund von Verlusten und Unbequemlichkeiten infolge von Produkt- und Servicefehlern erwartet wird. Hinreichende Gutschriften, Rabatte oder direkte Rückzahlungen des Kaufpreises können insbesondere distributive Gerechtigkeit steigern und damit das zukünftige Verhalten der Kunden gegenüber dem Anbieter positiv beeinflussen.[161] Empirisch wird dies von Mattila/Patterson (2004) nachgewiesen. In Abhängigkeit von ihrem kulturellen Hintergrund zeigen sich Unterschiede bei amerikanischen und asiatischen Käufern in ihren jeweiligen Gerechtigkeitswahrnehmungen. So legen Amerikaner mehr Wert auf den Ausgleich ihrer Investitionen und Ergebnisse als die asiatische Bevölkerung. Die Vermeidung von Konflikten und Konfrontationen haben für Asiaten einen hohen Stellenwert und schmälert den Wert einer möglichen Erstattung. Während Compensation die Wahrnehmung distributiver Fairness tangiert, determiniert Explanation zusätzlich die interaktionale Komponente. Explanation beschreibt eine Begründung bzw. Rechtfertigung von Produkt- oder Servicefehlern. Für den Kunden lässt sich so ein negatives Kauferlebnis besser verstehen.[162] Laut Empirie lässt sich durch die Abgabe von Erklärungen die Wahrnehmung distributiver sowie interaktionaler Gerechtigkeit positiv beeinflussen. Kunden, die eine Begründung für Produkt- oder Servicefehler erhalten, lassen sich eher besänftigen und fühlen sich fairer behandelt, als Kunden denen der Grund für ein negatives bzw. überraschendes Ergebnis vorenthalten wird. Auch hier nehmen kulturelle Hintergründe Einfluss auf die Stärke des Zusammenhangs zwischen Explanations und wahrgenommener Gerechtigkeit.[163] Bies/Shapiro (1987) kön-

[161] Vgl. Mattila/Patterson (2004), S. 342.
[162] Vgl. Mattila/Patterson (2004), S. 337 ff.
[163] Vgl. Mattila/Patterson (2004), S. 342 f.

nen diese Befunde bestätigen und identifizieren zudem Begründungen und Rechtfertigungen für bestimmtes unternehmerisches Handeln als Determinanten für prozedurale Gerechtigkeit.[164] Gerade der Einfluss von *Compensation* ist in der Literatur oft untersucht worden. So kann hier auch auf die Studie von Mattila/Cranage (2005) verwiesen werden, die ebenso feststellt, dass Kompensationen positiv mit distributiver Gerechtigkeit korrelieren.[165]

Ein Faktor, der die Wahrnehmung prozeduraler Gerechtigkeit determiniert, ist *Recovery Voice*. Es handelt sich dabei um den aktiven Beitrag eines Kunden am Entschädigungsprozess, aber auch einfach die Möglichkeit des Konsumenten seine Beschwerde dem Unternehmen mitzuteilen. Karande et al. (2007) können nachweisen, dass *Recovery Voice* die Wahrnehmung prozeduraler Gerechtigkeit positiv beeinflusst. Kunden bewerten den Beschwerdeprozess folglich besser, wenn sie vom Anbieter integriert werden. Zudem zeigt sich ein stärkerer Einfluss von *Recovery Voice* in etablierten Unternehmen-Kunde-Beziehungen als bei Neukunden.[166]

Choice und *Apology* stellen weitere Determinanten dar, die sowohl mit interaktionaler, informationaler wie auch distributiver Fairness eng verbunden sind. Eine simple Entschuldigung beeinflusst die Wahrnehmung des Kunden in Bezug auf distributive Gerechtigkeit positiv, d.h. der Konsument nimmt ein Ergebnis in Form eines fehlerhaften Produktes oder einer unzufriedenstellenden Dienstleistung als weniger unfair wahr, wenn er vom Mitarbeiter eine Entschuldigung erhält. Die Bedeutung von *Apology* zeigt sich auch im Hinblick auf interaktionale Gerechtigkeit. Kunden erwarten nach Unannehmlichkeiten eine einfache Entschuldigung, auch wenn ihnen die Möglichkeit gegeben wird, im Recovery-Prozess mitzuwirken bzw. einzugreifen.[167] Wird der Kunde im Rahmen einer Dienstleistung über mögliche Verspätungen oder andere Ärgernisse nicht im Voraus informiert, wird die informationale Behandlung als unfair wahrgenommen, auch wenn er im Nachhinein auf den Recovery-Prozess einwirken kann. Es zeigt sich somit, dass unterschiedliche Kombinationen von Rückerstat-

---

[164] Vgl. Bies/Shapiro (1987), S. 199.
[165] Vgl. Mattila/Cranage (2005), S. 271.
[166] Vgl. Karande/Magnini/Tam (2007), S. 198.
[167] Vgl. Mattila/Cranage (2005), S. 274.

tungen, Entschuldigungen und Mitwirkung der Kunden am Prozess, die unterschiedlichsten Effekte auf die verschiedenen Gerechtigkeitswahrnehmungen und damit auch auf das zukünftige Verhalten der Konsumenten nach einer Beschwerde ausüben.[168]

4.3.2 Einflussfaktoren von Preisfairness

Wie in Kapitel 4.2.4 kurz angesprochen, können Hermann et al. (2000) das Preis-Leistungs-Verhältnis und die Dringlichkeit des Bedarfs als bedeutende Einflussfaktoren für das eindimensionale Preisfairnesskonstrukt identifizieren. Es zeigt sich, dass ein gutes Preis-Leistungsverhältnis vom Konsumenten als fair betrachtet wird. Wird ein Produkt jedoch dringend benötigt, und hat der Nachfrager keine Möglichkeit auf einen anderen Anbieter auszuweichen, wird die Preispolitik des Unternehmens als ungerecht wahrgenommen.[169] Xia et al. (2004) arbeiten weitere vier Determinanten wahrgenommener Preisfairness heraus, die bis heute noch nicht ausreichend empirisch untersucht worden sind. Es handelt sich dabei um Referenzpreise, vermutete Motive der Anbieter für Preiserhöhungen, Vertrauen in Preise und Verkäufer-Käufer-Beziehungen sowie soziale Normen.[170] Gielissen et al. (2008) befassen sich mit dem Einfluss des Referenzpreises. Es handelt es sich dabei um den gegenwärtigen oder auch tatsächlichen Preis, der mit dem Preis übereinstimmt, den die Nachfrager erwarten. In Anlehnung an das DE-Prinzip (Kapitel 2.1.2.1) nehmen Kunden einen Preis als ungerechter wahr, wenn zwischen dem Preis, den sie für ein Produkt zahlen sollen, und dem, den ein anderer Verkäufer für seine Güter haben will, eine große Diskrepanz herrscht. Es kann also davon ausgegangen werden, dass eine faire Preispolitik durch Preise, die der Kunde aufgrund von vergangenen Käufen erwartet, in positivem Sinne determiniert wird.[171]

Zu den Wirkungen von Motivfairness und Unternehmensprofiten kann auf die Studie von Campbell (1999) verwiesen werden. Es geht dabei um den vom Kunden vermuteten relativen Gewinn sowie um das vermutete Motiv des Anbie-

---

[168] Vgl. Mattila/Cranage (2005), S. 275.
[169] Vgl. Hermann/Wricke/Huber (2000), S. 140.
[170] Vgl. Xia/Monroe/Cox (2004), S. 2.
[171] Vgl. Gielissen/Dutilh/Graafland (2008), S. 376.

ters für eine Preiserhöhung. In diesem Zusammenhang soll noch einmal auf die besondere Bedeutung von Kostensteigerungen hingewiesen werden, die das Motiv für eine Preiserhöhung für den Nachfrager nachvollziehbar machen können, indem eine Übervorteilung des Kunden ausgeschlossen wird. Sowohl vermuteter Gewinn wie auch die Veranlassungen für Preiserhöhungen wurden ebenfalls schon in Kapitel 4.2.4 diskutiert, um auf die Funktion der Preisfairness als Moderatorvariable einzugehen.[172] Vertrauen in Preise und in die gesamte Unternehmen-Kunde-Beziehung sind ebenfalls für das Fairnessempfinden relevant. Fähigkeiten, Integrität und Wohlwollen sind die wichtigsten Bestandteile, aus denen sich Vertrauen zusammensetzt und dafür Voraussetzung. In einer etablierten Geschäftsbeziehung mit dem Verkäufer kennt der Kunde nicht nur schon dessen Kompetenzen, sondern nimmt auch eine „persönliche Note" der Zusammenarbeit wahr.[173] Es zeigt sich bei Huppertz et al. (1978), dass Konsumenten eine Kaufsituation, die sich durch eine hohe Preis- und Serviceunfairness auszeichnet, als gerechter einstufen, wenn es sich um eine langfristige und vertrauensvolle Zusammenarbeit zwischen Verkäufer und Käufer handelt. Je enger also ein Unternehmen seine Kunden an sich bindet und eine persönlichere Beziehung zu ihnen aufbaut, desto weniger werden diese Ungerechtigkeiten, auch in Preisen, wahrgenommen.[174] Xia et al. (2004) stellen daher die Vermutung auf, dass im Fall von angemessenen Preisen das Vertrauen von Konsumenten einen positiven Effekt auf deren Preisfairnessempfinden ausübt und vice versa. Allerdings muss hier wieder darauf verwiesen werden, dass diese Annahmen nicht von den Autoren empirisch überprüft worden sind.[175]

Soziale Normen (ökonomische Verhaltensregeln) und Wissen über die Bildung von Preisen sind nach Annahmen von Xia et al. (2004) weitere Faktoren, die Preisfairness beeinflussen können. Konsumenten bilden sich ihr eigenes Urteil über Preispolitiken und informieren sich mittels wissenschaftlicher Veröffentlichung. Ihre Bewertungen über die von Unternehmen zu tragenden Kosten sind

---

[172] Vgl. Campbell (1999), S. 187 ff.
[173] Vgl. Xia/Monroe/Cox (2004), S. 5 f.
[174] Vgl. Huppertz/Arenson/Evans (1978), S. 258.
[175] Vgl. Xia/Monroe/Cox (2004), S. 5.

jedoch oft realitätsfremd und werden von ihnen daher als unfair eingestuft. Kunden neigen zudem dazu, Unternehmensgewinne zu überschätzen und bilden sich aufgrund dessen ein Urteil über die von ihnen geforderten Preise. Bolton et al. (2003) zeigen in ihrer Studie auf, dass für den Kunden höhere Preise auch gleichzeitig höhere Gewinne des Verkäufers implizieren. Unwissenheit und falsche ökonomische Schlussfolgerungen über die Entstehung von Preisen und Kosten sowie über die tatsächlichen Absichten von Unternehmen, führen damit beim Kunden zu unfairen preispolitischen Wahrnehmungen.[176]

4.4 Zwischenergebnis

Nachdem der Beginn dieses Kapitels die Messung und Operationalisierung des Gerechtigkeitskonstruktes behandelt hat, lag der Schwerpunkt zunächst auf den Wirkungen, die (un-) faires Verhalten seitens der Unternehmen bzw. der Mitarbeiter beim Kunden ausübt. Es wurde zwischen dem Konsumgütersektor sowie der Dienstleistungsbranche differenziert, um mögliche Unterschiede und Gemeinsamkeiten des Einflusses von Gerechtigkeit auf Kundenreaktionen festzustellen. Beschwerdemanagement und Preispolitik der Unternehmen standen hier im Vordergrund.

Die empirischen Befunde konnten nachweisen, dass die unterschiedlichen Gerechtigkeitsdimensionen Determinanten von Kundenzufriedenheit darstellen. Es wurde deutlich, dass sowohl im Konsumgütermarkt wie auch bei Serviceanbietern Gerechtigkeit einen direkten Einfluss auf die Kundenzufriedenheit ausübt. Im Dienstleistungssektor zeigte sich weiterhin, dass nicht alle Gerechtigkeitsdimensionen in gleicher Stärke auf das Zufriedenheitskonstrukt einwirken.[177] Die Bedeutung des positiven Einflusses distributiver Gerechtigkeit auf Kundenzufriedenheit kommt vor allem im Dienstleistungssektor zum Ausdruck, während sich im Konsumgütermarkt herausstellt, dass das Entgegenbringen von Respekt und Höflichkeit ein wichtiger Faktor ist den Kunden nach einer Beschwerde zufrieden zu stellen, und das Ergebnis teilweise in den Hintergrund rückt. Es

---

[176] Vgl. Xia/Monroe/Cox (2004), S. 6; Bolton/Warlop/Alba (2003), S. 489.
[177] Der Einfluss der Fairnessdimensionen auf Kundenzufriedenheit konnte bei Severt (2000), Oliver/Swan (1989a/b) sowie Swan/Sawyer/Van Matre/McGee (1985) nachgewiesen werden.

wird deutlich, dass im Konsumgütermarkt alle Gerechtigkeitsdimensionen einen signifikanten positiven Einfluss auf Verhaltensabsichten der Kunden ausüben, während im Dienstleistungssektor distributive, prozedurale und interaktionale Fairness eher in kombinierter Form auf positives WOM, WKA und Beschwerdezufriedenheit einwirken. Während im Konsumgütersektor ein niedrigeres Ausmaß an distributiver Gerechtigkeit durch ein hohes Maß interaktionaler Fairness ausgeglichen werden kann, lässt sich diese Beobachtung für den Dienstleistungssektor nicht machen. Wird der Kunde, der ein Produkt kauft, mit Respekt behandelt und in ausreichendem Maße auf seine Bedürfnisse und Anliegen eingegangen, kann dadurch eine unzureichende Entschädigung kompensiert werden, und der Nachfrager bleibt dem Unternehmen als Kunde erhalten. Da Beschwerdezufriedenheit vor allem bei der Inanspruchnahme von Dienstleistungen zur Geltung kommt, stützen sich die meisten Forschungen auf diesen Sektor, wenn es gilt Beschwerdezufriedenheit als (partiellen) Mediator zu betrachten. Damit zeigen sich die Konsequenzen, die verschiedene Gerechtigkeitsempfindungen auf Beschwerdezufriedenheit nehmen und hierüber WOM und WKA beeinflussen. Eine partielle Mediation impliziert, dass die Wirkungen der verschiedenen Gerechtigkeitsdimensionen WOM und Kaufabsichten nicht komplett moderieren müssen. Gleichzeitig zeigten sich Wechselbeziehungen zwischen den Gerechtigkeitsdimensionen, die in der Studie von Goodwin/Ross (1992) diskutiert werden. Hierbei treten scheinbar unlogische Verhaltensweisen der Kunden zum Vorschein. So zeigt sich, dass Kunden, die in einem Beschwerdeprozess ihre Meinungen nicht äußern können bzw. deren Standpunkte kein Gehör geschenkt werden, die Dienstleistung eher wieder in Anspruch nehmen, wenn das Personal keine außergewöhnlichen Gefälligkeiten anbietet und sich dem Kunden gegenüber eher neutral verhält. Jedoch kann Beschwerdezufriedenheit in wesentlichem Maße erhöht werden, wenn eine entsprechende Entschädigung angeboten wird und sich der Anbieter durch Neutralität auszeichnet. Auch die Existenz von Emotionen stellt in der Fairnessforschung einen relevanten Aspekt dar. Ein niedriges Maß an Gerechtigkeit führt zu negativen Emotionen, wie Wut und Ärger. Daraus resultieren wiederum nicht erwünschte Verhaltensreaktionen seitens der Konsumenten, wie z.B. Abwanderungen. Bei der Betrachtung von Konsequenzen, die emotionale Reaktionen auf Kundenverhalten ausüben, werden vorwiegend Untersuchungen in der Dienstleistungsbranche durchgeführt. Es lässt sich dennoch vermuten, dass auch im Recovery-Prozess beim Kauf von Produkten erwünschte Reaktionen durch positiv wahrgenommene Fairness ausgelöst werden. Im Rahmen des Beschwerdemanagements ist offensichtlich geworden, dass quantitative Defizite von Studien im Konsumgütermarkt bestehen. Es besteht daher die Notwendigkeit in diesem Sektor die Forschung zu erweitern, um Befunde branchenübergreifend besser vergleichbar zu machen.[178]

Bei der Betrachtung von Preisfairness konnte festgestellt werden, dass es sich um ein eindimensionales Konstrukt handelt. Eine Messung von Preisfairness wurde in dieser Arbeit daher nicht behandelt. Bedeutend ist im Rahmen der Preisfairnessforschung, dass Kunden die Ursache bzw. das Motiv der Entstehung von Preisen in ihrer Bewertung von Fairness stark berücksichtigen. Dabei spielen nicht nur die von Unternehmen zu tragenden Kosten eine Rolle, sondern auch der relative Gewinn. Unterschiede im Konsumgütermarkt und Dienstleistungssektor sind hier nicht zu erkennen. Auch lassen sich trotz der in diesem Kapitel gemachten Schlussfolgerungen die Ergebnisse zum jetzigen Zeitpunkt weder für die Dienstleistungsbranche noch für den Konsumgütersektor uneingeschränkt verallgemeinern. Es lässt sich feststellen, dass Gerechtigkeitswahrnehmungen nicht nur von Branche zu Branche schwanken, sondern auch innerhalb dieser variieren. Im Rahmen eines Vergleiches zu einem endgültigen Urteil zu gelangen, ist daher nur schwer möglich. Es muss die Arbeit zukünftiger Forschungsarbeiten sein, an dieser Stelle weitere Erkenntnisse zu gewinnen.[179]

Abschließend wird ein Blick auf die Determinanten von Gerechtigkeit und Preisfairness geworfen. Interessant hierbei ist vor allem, wie unterschiedlich und intensiv verschiedene Kulturen Gerechtigkeit wahrnehmen und danach ihre Ver-

---

[178] Der Einfluss der Fairnessdimensionen auf Beschwerdezufriedenheit und Kundenloyalität konnte u.a. bei Homburg/Fürst (2005); Patterson/Cowley/Prasongsukarn (2006) und DeWitt/Nguyen/Marshall (2008) nachgewiesen werden.

[179] Der Einfluss von Preisfairness auf Kundenzufriedenheit- und Loyalität konnte u.a. bei Hermann/Wricke/Huber (2000) und Kimes (2002) nachgewiesen werden.

haltensweisen ausrichten. Ein Überblick über Antezedenten und Konsequenzen von Gerechtigkeit und Preisfairness findet sich in Abb. 7 im Anhang. Zudem werden die relevanten Aspekte der in Kapitel 4 vorgestellten Studien im Anhang durch eine Synopse (Tab. 3) ergänzt.[180]

5. Limitationen der empirischen Befunde und Implikationen für die Praxis

5.1 Grenzen der empirischen Befunde

Die in dieser Arbeit diskutierten Analysen sind nicht frei von Limitationen und deren Befunde daher nicht ohne weiteres hinzunehmen. Die Ergebnisse empirischer Studien müssen kritisch betrachtet werden und machen zukünftige Untersuchungen notwendig. Es wurde eine Unterscheidung von Studien vorgenommen, die sich auf Dienstleistungs- und Konsumgüterunternehmen beziehen. Hieran grenzt die erste Limitation, von der die meisten Arbeiten der Fairnessforschung betroffen sind. So zeigt sich, dass innerhalb der beiden Sektoren nur ausgewählte Dienstleistungen bzw. Produkte näher betrachtet werden können. Die Erkenntnisse, die aus den Studien gewonnen werden, sind jedoch nicht allgemein für die gesamten Serviceanbieter und Konsumgüterunternehmen gültig. So stützen sich einerseits Studien auf die Untersuchung von Hotels bzw. Restaurants, während andere im Gesundheitswesen das Fairnessempfinden von Patienten analysieren. Gerade bei der Versorgung von Patienten kommen soziale und emotionale Komponenten zum Tragen. Die Interaktion mit dem Mitarbeiter ist in diesem Zusammenhang von großer Bedeutung. Bei der Frage nach dem Einfluss der Gerechtigkeit auf die Zufriedenheit von Kunden, ist in Krankenhäusern und Arztpraxen damit besonders die interaktionale Gerechtigkeitsdimension nicht zu vernachlässigen. Bei der Evaluation der Studien müssen diese Punkte berücksichtigt werden, um nicht von einzelnen Untersu-

---

[180] Studien, die Einflussfaktoren von Gerechtigkeit und Preisfairness untersuchen, sind bei Homburg/Fürst (2005), Bolton/Warlop/Alba (2003) sowie Kalapurakal/Dickson/Urbany (1991) zu finden.

chungsergebnissen auf einen allgemeinen Zustand im Dienstleistungsgewerbe zu schließen.[181]

Eine weitere bedeutende Einschränkung resultiert aus der Durchführung von Laborstudien. Auch wenn von dieser Art der Untersuchung neben Feldstudien häufig Gebrauch gemacht wird, können sie zu verzerrten Ergebnissen führen. Ziel von Laborstudien ist es, u.a. die interne Validität zu erhöhen. Es handelt sich dabei um ein Experiment, in dem reale Abläufe vereinfacht dargestellt werden. Die Kontrolle von Störgrößen und der unabhängigen Variablen bietet den wichtigsten Vorteil eines solchen Experiments. Während sich eine Laborstudie durch eine hohe interne Validität (keine Störvariablen beeinflussen interessierte Zusammenhänge) auszeichnet, kann eine Feldstudie dies nicht vorweisen. Die Teilnehmer erfahren meist erst nach der Durchführung von der Studie, die in realen Situationen stattfindet. Jedoch sind die Ergebnisse in der Regel repräsentativer als in einer Laborstudie.[182] In dieser werden Probanten angehalten, sich eine Beschwerdesituation durchzulesen oder sich mittels eines Films in eine bestimmte Lage zu versetzen, um anschließend ihre Verhaltensabsichten den Forschern mitzuteilen. Gerade in Laborstudien ist es von Bedeutung, dass sich die Probanten schon einmal in einer gleichen oder ähnlichen Situation befunden haben. Aufgrund dieser inszenierten Vorgänge kann jedoch nicht ausgeschlossen werden, dass reale Experimente zu anderen Ergebnisse führen. Den Probanten gelingt es nicht, sich vollkommen in die vorgegebene Situation hineinzuversetzen und erleben Ungerechtigkeiten stärker bzw. schwächer als in echtem Mitarbeiterkontakt.[183]

Auch die Frage nach der Generalisierbarkeit der Studien kann nicht ohne weiteres beantwortet werden. Im Rahmen der Stichproben hat sich gezeigt, dass sich Forscher auf Daten aus ausgewählten Kulturkreisen beschränken. In einigen Studien werden so z.B. nur amerikanische und asiatische Probanten für die Stichprobe gewonnen. Eine Verallgemeinerung der Ergebnisse und ein Vergleich von Verhaltensreaktionen mit denen anderer Studien sind daher ohne

---

[181] Vgl. Martínez-Tur/Peiró/Ramos/Moliner (2006), S. 114 f.
[182] Vgl. Homburg/Krohmer (2006), S. 278 f.
[183] Vgl. Wirtz/Mattila (2004), S. 163.

eine zusätzliche Berücksichtigung von europäischen und aus dem mittleren Osten stammenden Daten nicht ohne weiteres möglich. Einige Studien greifen zudem bei der Auswahl der Probanten auf Studenten zurück, die die Rollen von Konsumenten einnehmen sollen. Auch hier kann nicht von einer umfassenden Repräsentativität der Gesamtbevölkerung ausgegangen werden. Zudem muss der Einfluss von Bias, also von Voreingenommenheiten, auf die Ergebnisse berücksichtigt werden. Probanten lassen sich in diesem Kontext bei der Beurteilung ihrer Gerechtigkeitswahrnehmungen von ihrem Alter, Herkunft oder auch Status beeinflussen.[184] Diese Bias führen zu Verzerrungen der Ergebnisse und sollten so weit wie möglich durch zufällig ausgewählte Stichproben reduziert werden. Die Messung von abhängigen Variablen mittels eines einzelnen Items ist ebenfalls kritisch zu betrachten und sollte soweit wie möglich vermieden werden, da dadurch die Stärke des betrachteten Zusammenhanges abgemildert werden kann. Daneben müssen die Messmodelle den Anspruch haben, den Gütekriterien soweit wie möglich zu entsprechen.[185] Offensichtlich ist weiterhin, dass in den Untersuchungen nur Kunden berücksichtigt werden, die sich infolge eines Produkt- oder Servicefehlers und der dadurch resultierenden Unzufriedenheit beim Anbieter auch tatsächlich beschweren. Gerechtigkeitswahrnehmungen und Verhaltensreaktionen können somit nicht in vollem Umfang erfasst werden. Da im Rahmen von empirischen Studien nicht alle untersuchungsrelevanten Aspekte berücksichtigt werden können, und die Komplexität den Umfang der Analysen sprengen würde, sind gewisse Einschränkungen nicht zu vermeiden. Dieser Umstand macht weitere Forschungen notwendig.

Ein zentraler Punkt zukünftiger Untersuchungen, der im Laufe dieser Arbeit als gravierende Forschungslücke identifiziert werden konnte, muss vor allem in der Entwicklung von Skalen zur Messung von wahrgenommener Gerechtigkeit in externen Interaktionsbeziehungen liegen. Obwohl eine breite Anzahl von Forschungsarbeiten existiert, die sich auf Kundenreaktionen im Kaufprozess und besonders auf Beschwerden konzentrieren, hat sich bisher kaum jemand mit

---

[184] Vgl. Clemmer (1993), S. 204.
[185] Vgl. Homburg/Hoyer/Koschate (2005), S. 46.

der Erforschung geeigneter Messinstrumente in diesem Kontext befasst. Im Allgemeinen wurde auf Instrumente von Forschern zurückgegriffen, in deren Untersuchungen organisationale Gerechtigkeit im Vordergrund stand. Hierzu kann auf die Studie von Colquitt (2001)[186] sowie auf deren Übertragung auf den deutschsprachigen Raum von Maier et al. (2007)[187] verwiesen werden. Bei der hier im Zentrum stehenden Betrachtung von Gerechtigkeitswahrnehmungen in Unternehmen-Kunde-Beziehungen kann bisher jedoch kein einheitliches Messinstrument identifiziert werden. Kritisch sind auch die in verschiedenen Analysen variierende Anzahl der Gerechtigkeitsdimensionen zu sehen. Aufgrund der stark ansteigenden Zahl an Forschungsarbeiten, die sich mit Beschwerdereaktionen seitens der Kunden und mit der Betrachtung von Preisfairness befassen, ist es daher notwendig, einheitliche Fragebögen und Messinstrumente zu entwickeln, die es erlauben die Ergebnisse von Studien, die unterschiedliche mehrdimensionale Gerechtigkeitsansätze berücksichtigen, international vergleichbar zu machen. Auch der vermehrte Einsatz und die Berücksichtigung von Moderatorvariablen, wie Alter, Geschlecht, ethnische Herkunft, können dazu beitragen, den Einfluss von wahrgenommener Gerechtigkeit auf die unterschiedlichsten Konsumentenreaktionen besser zu verstehen.

Ratsam kann es sein, im Anschluss einer Laborstudie ein Feldexperiment durchzuführen, das die Ergebnisse entweder bestätigt oder im Fall anderer Resultate Anreiz gibt, die Studie zu modifizieren, um validere Ergebnisse zu erhalten. Für die in den Studien aufgestellten Modelle sollten in Zukunft eine breitere Variation der Stichproben (Probanten unterschiedlichen Alters, kulturellen Hintergrunds, Gesellschaftsstatus) und Arten von Erstattungsleistungen herangezogen werden. So stützen sich manche Autoren nur auf einen einzigen Typ von Rückvergütungen. Auch die Effekte der differierenden Ausmaße von Erstattungen sind mehr zu berücksichtigen. So wäre es möglich, dass eine unverhältnismäßig kleine Entschädigung u.U. vom Kunden sogar als unverschämt empfunden wird und sich das Unternehmen damit mehr schadet, als wenn es auf eine Ausgleichzahlung von vorne herein verzichtet. Die meisten Arbeiten, die

---

[186] Vgl. Colquitt (2001).
[187] Vgl. Maier/Streicher/Jonas/Woschée (2007).

sich mit Gerechtigkeitswahrnehmungen in Unternehmen-Kunde-Beziehungen befassen, konzentrieren sich hauptsächlich auf den Kontext des Beschwerdemanagements und der Preispolitik von Organisationen. Dies sollte zukünftig Wissenschaftlern Anreiz geben, sich vermehrt dem einfachen Tausch von Waren und Serviceleistungen zu widmen, wie dies die Studien in Kapitel 4.2.1 schon verfolgen. Positive Fairnessurteile sind nun einmal Voraussetzung dafür, dass Unternehmen ihre Leistungen erfolgreich anbieten und sollten beim Austausch von Inputs und Outcomes mehr Beachtung finden. In diesem Kontext ist insbesondere die Anwendung der RCT in der Vergangenheit zu kurz gekommen.

Im Interesse weiterer Forschungen sollte es zudem liegen, sich nicht nur auf die Konsequenzen eines Gerechtigkeitsurteils zu konzentrieren, sondern auch zu verstehen, wie und wann Fairnesswahrnehmungen während eines Produktkaufes bzw. der Inanspruchnahme einer Dienstleistung entstehen. Unterschiedliche Konsumenten verfügen auch über individuelle Empfindungen über eine gerechte Behandlung, die entsprechend berücksichtigt werden müssen.[188] Weiterhin ist es notwendig sich der Untersuchung der differierenden Einflüsse der Gerechtigkeitsdimensionen zu widmen. Die Frage, ob distributive, prozedurale oder interaktionale Gerechtigkeit im Konsumgütersektor oder doch in der Dienstleistungsbranche den größeren Einfluss auf ein bestimmtes Kundenverhalten ausübt, kann noch nicht beantwortet werden. Wie in Kapitel 4.4 schon angesprochen wurde, ist eine Verallgemeinerung nicht möglich, da verschiedene Forscher zu unterschiedlichen Ergebnissen kommen. Zukünftige Untersuchungen sollten hierbei berücksichtigen, dass Konsumenten zu höchst uneinheitlichen Antworten tendieren, da sich auch die Einstellungen und Beziehungen zu dem jeweiligen Unternehmen komplex und unterschiedlich gestalten. Es muss also beachtet werden, ob bestimmte Effekte in Branchen auftreten, in denen persönlicher Kontakt oder die Kernleistung eines Unternehmens im Vordergrund stehen.

---

[188] Vgl. Oliver/Swan (1989a), S. 381 f.

5.2 Handlungsempfehlungen für die Praxis

Die empirischen Befunde der in dieser Arbeit betrachteten Untersuchungen haben gezeigt, dass das Konstrukt der Fairness für ein kundenorientiertes Unternehmen höchste Aufmerksamkeit erfordert. Aus den Wirkungen der verschiedenen Gerechtigkeitsdimensionen lassen sich Empfehlungen ableiten, die von Organisationen nicht nur in Bezug auf das Beschwerdemanagement berücksichtigt werden sollten. Das Ziel muss es darüber hinaus sein, Konsumenten das Gefühl zu geben, im Zusammenhang mit dem Produktkauf oder der Inanspruchnahme einer Dienstleistung fair behandelt zu werden. Schon in der Unternehmenskultur sollte gerechtes Verhalten nicht nur gegenüber Mitarbeitern, sondern auch gegenüber Kunden verankert sein. Durch eine ausgeprägte Kundenorientierung ist zu signalisieren, dass der Konsument Qualität zu fairen Preisen erhält. Nur so kann er dauerhaft zufrieden gestellt und an das Unternehmen gebunden werden.

Dazu bietet es sich an, spezielle Schulungen und Trainings insbesondere für Mitarbeiter durchzuführen, die im direkten Kundenkontakt stehen. Gerade Angestellten, die Beschwerden entgegennehmen, muss ein ausgeprägtes Verständnis distributiver, prozeduraler und interaktionaler Gerechtigkeit vermittelt werden. Vollzeit- und Halbtagsbeschäftigen müssen respektvollen und höflichen Umgang mit dem Kunden verinnerlichen. Ihnen ist zudem in Schulungen klarzumachen, dass Konsumenten, die sich in nicht alltäglichen Situationen befinden, die Möglichkeit positiv bewerten, ihr Problem ausführlich darzustellen. Das Agieren des Verkaufspersonals kann somit umfassende Konsequenzen auf die langfristige Profitabilität eines Unternehmens haben. Weiterhin nicht zu vernachlässigen ist die Implementierung von Richtlinien von Beschwerdebehandlungen. Diese sollten auch im Rahmen von Mitarbeiterschulungen trainiert werden, um höchste Kundenzufriedenheit zu erreichen. Dazu gehören Richtlinien, die monetäre Erstattungen betreffen, um distributive Gerechtigkeit zu gewährleisten und schnell und effektiv auf verschiedene Beschwerdesituationen zu reagieren. Es können umfangreiche Trainingsprogramme durchgeführt werden, die es den Mitarbeitern erleichtern, das richtige Maß an Entschädigungen bei verschiedenen Beschwerdestufen zu finden. Dabei darf nicht außer Acht gelassen werden, dass die Rückvergütung in einem angemessenen Verhältnis steht. Im Rahmen prozeduraler Fairness steht vor allem die Geschwindigkeit des Beschwerdeprozesses im Vordergrund. Mitarbeitern muss bewusst gemacht werden, dass Kunden eine schnelle Abwicklung nicht nur bei einer Reklamation, sondern auch bei der einfachen Nutzung eines Services oder Produktkaufs wichtig ist. Durch den Einsatz von Spezialisten in Call-Centern ist es möglich eine rasche Problembehandlung zu fördern. Der Umgang mit verärgerten Kunden ist eine Herausforderung. Zwischenmenschliche Kommunikation kann jedoch ebenfalls mittels gezielter Übungen geschult werden. Aufmerksamkeit und Empathie sind hierbei gewünschte Eigenschaften, auf die schon bei der Rekrutierung von Mitarbeitern geachtet werden muss. Speziell ausgebildete Mitarbeiter, die z.B. bestimmte Sprachen sprechen, und aufgestellte Kundenprofile können gerade in Beschwerdesituationen von Vorteil sein.[189]

Der Einsatz von Datenbanken, die über genaue Informationen von Kunden verfügen, kann es Mitarbeitern erleichtern, besser auf deren Wünsche einzugehen. In Kapitel 4.3.1 hat sich gezeigt, dass kulturelle Unterschiede zu differierenden Gerechtigkeitswahrnehmungen führen können. Die Einspeisung von Glaubensrichtungen und kulturellen Gewohnheiten und die Nutzung von CRM-Systemen erleichtern den Umgang mit besonderen Kundensegmenten. So hat Continental Airlines ein Kundeninformationssystem in Betrieb genommen, das über genaue Informationen und Wünsche der Passagiere verfügt.[190] Eine weitere Möglichkeit ist der Einsatz von TÜV-Siegeln. Diese stehen für Qualität und Leistung und fördern Vertrauen von Konsumenten. Wie viele andere Unternehmen legt auch TÜV-Süd seine ethischen Grundsätze in einem *Code of Ethics* fest. Er beinhaltet die Achtung von nationalen und internationalen Gesetzen und Standards, sowie die unabhängige Erbringung von Dienstleistungen.[191] Konsumenten gehen in Bezug auf die Entstehung von Preisen zum Teil von unrealistischen Annahmen aus. Umso wichtiger ist es für ein Unternehmen seinen Kunden zu de-

---

[189] Vgl. Wirtz/Matilla (2004), S. 162.
[190] Vgl. Brady (2000), S. 124.
[191] Vgl. http://www.tuev-sued.de/uploads/images/1218175391856185801097/TUeV_SUeD_ Code_of_Ethics_Deutsch.pdf (Aufruf: 08.09.2009).

monstrieren, dass es eine faire Preispolitik verfolgt. Dazu gehört vor allem, dass dem Kunden eine Preiserhöhung transparent gemacht wird, und er den Anstieg nachvollziehen kann. Durch eine ausgeprägte Kommunikation mit dem Kunden kann ein Unternehmen Einfluss auf deren Vermutungen bez. des Motivs einer Preiserhöhung und damit auf wahrgenommene (Un-)Fairness nehmen. Als Mittel können hier Werbemaßnahmen eingesetzt werden, um bestimmte Preise zu rechtfertigen.[192]

6. Schlussbetrachtung

In dieser Arbeit standen die Zusammenhänge, die zwischen Gerechtigkeitswahrnehmungen und Verhaltensreaktionen seitens der Kunden bestehen, im Vordergrund. Die Relevanz fairen Verhaltens konnte deutlich gemacht werden. Gleichzeitig hat sich jedoch herausgestellt, dass noch einige Forschungslücken geschlossen werden müssen. Diese haben sich nicht nur in der Messung des Konstruktes an sich, sondern vor allem auch in der Vergleichbarkeit von Studien aus Dienstleistungsbranche und Konsumgütersektor gezeigt, was sicherlich wiederum auf unzureichende Messinstrumente zurückzuführen ist. Dennoch wurde deutlich, dass das Thema Gerechtigkeit in Geschäftsbeziehungen ein ausschlaggebender Erfolgsfaktor ist und zukünftig Wettbewerbsvorteile sichern wird. Gerade für Dienstleistungsunternehmen ist ein fairer Umgang mit Kunden Voraussetzung für den Unternehmenserfolg. Nicht nur Mitarbeiter müssen sich durch Service- und Kundenorientierung auszeichnen; schon in der Unternehmenskultur sollten diese Punkte verankert sein, um die Erfüllung von Kundenwünschen in den Mittelpunkt des Interesses zu rücken.

Laut der Agentur ServiceRating, können im Rahmen von Serviceanbietern Krankenkassen die höchsten Fairnesswerte vorweisen, während die Branche der Energieversorger durch deren monopolartige Stellung das Schlusslicht bildet.[193] Insgesamt zeigte sich gerade im Laufe dieses Jahres eine positive Tendenz des Verhaltens von Unternehmen gegenüber ihren Kunden. So konnte

---

[192] Vgl. Campbell (1999), S. 202.
[193] Vgl. http://www.food-monitor.de/2009/04/kundenbeziehungen-fair-geht-vor/ernaehrung/kommunikation/ (Aufruf: 08.09.2009).

festgestellt werden, dass 54 % der Bürger die Geschäftsbeziehung zwischen Kunde und Unternehmen als durchaus fair einstufen. Im Vergleich zum Jahr 2008 ist dies ein Anstieg von 16 %, der auf die zunehmenden Bemühungen von Organisationen dem Kunden faire Angebote zu unterbreiten und im Beschwerdefall zügig zu einer kundenorientierten Einigung zu kommen, zurückgeführt werden kann.[194]

Da Kundenbeschwerden nicht vollständig vermieden werden können, wenden besonders Serviceanbieter jährlich eine hohe Summe auf, um optimal auf Reklamationen vorbereitet zu sein. Dabei handelt es sich u.a. um Garantieprogramme und feste Beträge, die im Fall einer Beschwerde zur Verfügung gestellt werden. Um dem Verbraucher zu signalisieren und aufzuzeigen, bei wem es sich um einen fair agierenden Anbieter handelt, sollten zukünftig vermehrt Zertifikate eingesetzt werden, die bestimmte Unternehmen als faire Geschäftspartner identifizieren. Ein Beispiel ist das QET-Zertifikat, das Qualität, Ethik und Transparenz von Organisationen auszeichnet. Auch hier steht eine Unternehmenskultur im Mittelpunkt, die durch gegenseitiges Vertrauen und Stabilität geprägt ist.[195]

Es ist im Laufe dieser Arbeit deutlich geworden, dass die Aufgabe von Entscheidungsträgern in Unternehmen nicht nur darin bestehen darf, betriebswirtschaftliche, sondern auch ethisch-moralische Aspekte zu berücksichtigen. Die eingehende Beschäftigung mit allen vier Gerechtigkeitsdimensionen hat somit im Hinblick auf Kundenbindungsmaßnahmen höchste Priorität. Die Fähigkeit sich als Anbieter in seine Kunden hineinzuversetzen und dessen Wünsche und Bedürfnisse zu erkennen, ist für Marketingexperten daher unerlässlich und in Zukunft intensive Beachtung zu schenken.

---

[194] Vgl. http://www.fairness-barometer.de/#3 (Aufruf: 08.09.2009).
[195] Vgl. http://www.openpr.de/news/205798/Fairness-im-Geschaeftsleben-ist-messbar.html (Aufruf: 09.09.2009).

Literaturverzeichnis

Adams, J. S. (1965): Inequity in Social Exchange, in: Berkowitz, L. (ed.): Advances in Experimental Social Psychology, Vol. 2, No. 4, New York/London, pp. 267-299.

Aholt, A. (2008): Die Rechnungsgestaltung als innovatives Marketing-Instrument, Wiesbaden.

Ambrose, M./Hess, R. L./Ganesan, S. (2007): The Relationship between Justice and Attitudes: An Examination of Justice Effects on Event and System-Related Attitudes, in: Organizational Behavior and Human Decision Processes, Vol. 103, No. 1, pp. 21-36.

Barling, J./Phillips, M. (1993): Interactional, Formal, and Distributive Justice in the Workplace: An Exploratory Study, in: The Journal of Psychology, Vol. 127, No. 6, pp. 649-656.

Bies, R. J./Moag, J. S. (1986): Interactional Justice: Communications Criteria of Fairness, in: Lewicki, R. J./Sheppard, B. H./Bazerman, M. H. (eds.): Research on Negotiation in Organizations, Vol. 1, Greenwich/London, pp. 43-55.

Bies, R. J./Shapiro, D. L. (1987): Interactional Fairness Judgements: The Influence of Causal Accounts, in: Social Justice Research, Vol. 1, No. 2, pp. 199-218.

Blau, P. M. (1964): Exchange and Power in Social Life, New York.

Blodgett, J. G./Granbois, D. H./Walters, R. G. (1993): The Effects of Perceived Justice on Complainants´ Negative Word-of-Mouth Behavior and Repatronage Intentions, in: Journal of Retailing, Vol. 69, No. 4, pp. 399-428.

Blodgett, J. G./Hill, D. J./Tax, S. S. (1997): The Effects of Distributive, Procedural, and Interactional Justice on Postcomplaint Behavior, in: Journal of Retailing, Vol. 73, No. 2, pp. 185-210.

Blodgett, J. G./Wakefield, K. L./Barnes, J. H. (1995): The Effects of Customer Service on Consumer Complaining Behavior, in: Journal of Services Marketing, Vol. 9, No. 4, pp. 31-42.

Bolton, L. E./Warlop, L./Alba, J. W. (2003): Consumer Perceptions of Price (Un) Fairness, in: Journal of Consumer Research, Vol. 29, No. 4, pp. 474-491.

Brady, D. (2000): Why Service Stinks, in: Business Week, October 23, pp.118-128.

Bruhn, M./Grund, M. (1995): Interaktionen als Determinante der Zufriedenheit und Bindung von Kunden und Mitarbeitern, in: Bruhn, M. (Hrsg.): Internes Marketing: Integration der Kunden- und Mitarbeiterorientierung, 2. Aufl., Wiesbaden, S. 495-523.

Business-on: URL: http://koeln-bonn.business-on.de/fairness-gegenueber-kunden-zahlt-sich-langfristig-aus_id17303.html (Aufruf: 08.09.2009).

Campbell, M. C. (1999): Perceptions of Price Unfairness: Antecedents and Consequences, in: Journal of Marketing Research, Vol. 36, No. 2, pp. 187-199.

Chebat, J. C./Slusarczyk, W. (2005): How Emotions Mediate the Effects of Perceived Justice on Loyalty in Service Recovery Situations: An Empirical Study, in: Journal of Business Research, Vol. 58, No. 5, pp. 664-673.

Churchill, G. A. (1979): A Paradigm for Development Better Measures of Marketing Constructs, in: Journal of Marketing Research, Vol. 16, No. 1, pp. 64-73.

Clemmer, E. C. (1993): An Investigation into the Relationship of Fairness and Customer Satisfaction with Services, in: Cropanzano, R. (ed.): Justice in the Workplace: Approaching Fairness in Human Resource Management, Hillsdale, pp. 193-207.

Colquitt, J. A. (2001): On the Dimensionality of Organizational Justice: A Construct Validation of a Measure, in: Journal of Applied Psychology, Vol. 86, No. 3, pp. 386-400.

Colquitt, J. A./Conlon, D. E./Wesson, M. J./Porter, C. O. L. H./Ng, K. Y. (2001): Justice at the Millennium: A Meta-Analytic Review of 25 Years of Organizational Justice Research, in: Journal of Applied Psychology, Vol. 86, No. 3, pp. 425-445.

Creusen, U./Ungrade, C. (2007): Profilierung über Preisfairness – Ein Praxisreport, in: Marketing Review St. Gallen, Ausgabe 4, S. 27-28.

Cropanzano, R./Folger, R. (1989): Referent Cognitions and Task Decision Autonomy: Beyond Equity Theory, in: Journal of Applied Psychology, Vol. 74, No. 2, pp. 293-299.

Cropanzano, R./Greenberg, J. (1997): Progress in Organizational Justice: Tunneling through the Maze, in: Cooper, C./Robertson, I. (eds.): International Review of Industrial and Organizational Psychology, New York, pp. 317-372.

Cropanzano, R./Prehar, C. A./Chen, P. Y. (2002): Using Social Exchange Theory to Distinguish Procedural from Interactional Justice, in: Group Organization Management, Vol. 27, No. 3, pp. 324-351.

Deutsch, M. (1985): Distributive Justice: A Social-Psychological Perspective, New Haven/London.

DeWitt, T./Nguyen, D. T./Marshall, R. (2008): Exploring Customer Loyalty Following Service Recovery: The Mediating Effects of Trust and Emotions, in: Journal of Service Research, Vol. 10, No. 3, pp. 269-281.

Diller, H. (2008): Preispolitik, 4., vollst. neu bearb. und erw. Aufl., Stuttgart.

Fairness-Barometer: URL: http://www.fairness-barometer.de/#3 (Aufruf: 08.09.2009).

Festinger, L. (1957): A Theory of Cognitive Dissonance, Stanford.

Festinger, L. (1978): Theorie der kognitiven Dissonanz, Hrsg.: Irle, M./Möntmann, V., Bern.

Fischer, L./Wiswede, G. (1997): Grundlagen der Sozialpsychologie, München.

Folger, R. (1986): Rethinking Equity Theory, in: Bierhoff, H. W./Cohen, R. L./Greenberg, J. (eds.): Justice in Social Relations, New York/London, pp. 145-162.

Folger, R. (1987): Distributive and Procedural Justice in the Workplace, in: Social Justice Research, Vol. 1, No. 2, pp. 143-159.

Frey, D./Streicher, B./Klendauer, R. (2004): Relevanz von distributiver, prozeduraler, informationaler und interpersonaler Fairness im Prozess des Marketing gegenüber internen und externen Kunden, in: Wiedmann, K.-P. (Hrsg.): Fundierung des Marketing: Verhaltenswissenschaftliche Erkenntnisse als Grundlage einer angewandten Marketingforschung, Wiesbaden, S. 135-154.

Gielissen, R./Dutilh, C. E./Graafland, J. J. (2008): Perceptions of Price Fairness: An Empirical Research, in: Business Society, Vol. 47, No. 3, pp. 370-389.

Goodwin, C./Ross, I. (1992): Consumer Responses to Service Failures: Influence of Procedural and Interactional Fairness Perceptions, in: Journal of Business Research, Vol. 25, No. 2, pp. 149-163.

Greenberg, J. (1993): The Social Side of Fairness: Interpersonal and Informational Classes of Organizational Justice, in: Cropanzano, R. (ed.): Justice in the Workplace: Approaching Fairness in Human Resource Management, Hillsdale, pp. 79-103.

Gronroos, C. (1990): Relationship Approach to Marketing in Service Contexts: The Marketing and Organizational Behavior Interface, in: Journal of Business Research, Vol. 20, No. 1, pp. 3-11.

Grund, M. (1998): Interaktionsbeziehungen im Dienstleistungsmarketing: Zusammenhänge zwischen Zufriedenheit und Bindung von Kunden und Mitarbeitern, Wiesbaden.

Heider, F. (1958): The Psychology of Interpersonal Relations, New York.

Helmstädter, E. (1999): Gerechtigkeit und Fairneß in Wirtschaft und Gesellschaft, Opladen.

Hermann, A./Wricke, M./Huber, F. (2000): Kundenzufriedenheit durch Preisfairness, in: Marketing ZFP, Jg. 22, H. 2, S. 131-143.

Hocutt, M. A./Chakraborty, G./Mowen, J. C. (1997): The Impact of Perceived Justice on Customer Satisfaction and Intention to Complain in a Service Recovery, in: Advances in Consumer Research, Vol. 24, No. 1. pp. 457-463.

Homans, G. C. (1958): Social Behavior as Exchange, in: The American Journal of Sociology, Vol. 63, No. 6, pp. 597-606.

Homans, G. C. (1960): Theorie der sozialen Gruppe, Köln.

Homans, G. C. (1961): Social Behavior: Its Elementary Forms, New York.

Homburg, C./Fürst, A. (2005): How Organizational Complaint Handling Drives Customer Loyalty: An Analysis of the Mechanistic and the Organic Approach, in: Journal of Marketing, Vol. 69, No. 3. pp. 95-114.

Homburg, C./Hoyer, W. D./Koschate, N. (2005): Customers´ Reaction to Price Increases: Do Customer Satisfaction and Perceived Motive Fairness Matter?, in: Journal of the Academy of Marketing Science, Vol. 33, No. 1. pp. 36-49.

Homburg, C./Koschate, N. (2005): Behavioral Pricing-Forschung im Überblick: Teil 1: Grundlagen, Preisinformationsaufnahme und Preisinformationsbeurteilung, in: Zeitschrift für Betriebswirtschaft, Jg. 75, H. 4, S. 383-423.

Homburg, C./Krohmer, H. (2006): Marketingmanagement: Strategie – Instrumente – Umsetzung – Unternehmensführung, 2., überarb. und erw. Aufl., Wiesbaden.

Huppertz, J. W./Arenson, S. J./Evans R. H. (1978): An Application of Equity Theory to Buyer-Seller Exchange Situations, in: Journal of Marketing Research, Vol. 15, No. 2, pp. 250-260.

Kahneman, D./Knetsch, J. L./Thaler, R. (1986a): Fairness as a Constraint on Profit Seeking: Entitlements in the Market, in: The American Economic Review, Vol. 76, No. 4, pp. 728-741.

Kahneman, D./Knetsch, J. L./Thaler, R. (1986b): Fairness and the Assumptions of Economics, in: Journal of Business, Vol. 59, No. 4, pp. 285-300.

Kahneman, D./Tversky, A. (1982): The Simulation Heuristic, in: Kahneman, D./Slovic, P./Tversky, A. (eds.): Judgement under Uncertainty: Heuristic and Biases, Cambridge, pp. 201-208.

Kalapurakal, R./Dickson, P. R./Urbany, J. E. (1991): Perceived Price Fairness and Dual Entitlement, in: Advances in Consumer Research, Vol. 18, No. 1, pp. 788-793.

Kamen, J. M./Toman, R. J. (1970): Psychophysics of Prices, in: Journal of Marketing Research, Vol. 7, No. 12, pp. 27-35.

Karande, K./Magnini, V. P./Tam, L. (2007): Recovery Voice and Satisfaction after Service Failure: An Experimental Investigation of Mediating and Moderating Factors, in: Journal of Service Research, Vol. 10, No. 2, pp. 187-203.

Kelley, H. H. (1967): Attribution Theory in Social Psychology, in: Levine, D. (ed.): Nebraska Symposium on Motivation, Vol. 15, Lincoln, pp. 192-240.

Kelley, S. W./Hoffman, K. D./Davis, M. A. (1993): A Typology of Retail Failures and Recoveries, in: Journal of Retailing, Vol. 69, No. 4, pp. 429-452.

Kim, T./Kim, W. G./Kim, H.-B. (2009): The Effects of Perceived Justice on Recovery Satisfaction, Trust, Word-of-Mouth, and Revisit Intention in Upscale Hotels, in: Tourism Management, Vol. 30, No. 1, pp. 51-62.

Kimes, S. E. (2002): Perceived Fairness of Yield Management, in: Cornell Hotel and Restaurant Administration Quarterly, Vol. 35, No. 1, pp. 21-30.

Klendauer, R./Streicher, B./Jonas, E./Frey, D. (2006): Fairness und Gerechtigkeit, in: Bierhoff, H.-W./Frey, D. (Hrsg.): Handbuch der Sozialpsychologie und Kommunikationspsychologie, Göttingen, S. 187-195.

Koschate, N. (2002): Kundenzufriedenheit und Preisverhalten: Theoretische und empirisch experimentelle Analysen, Wiesbaden.

Kroeber-Riel, W./Weinberg, P./Gröppel-Klein, A. (2009): Konsumentenverhalten, 9., überarb., aktualisierte und erg. Aufl., München.

Leventhal, G. S. (1980): What Should Be Done with Equity Theory? New Approaches to the Study of Fairness in Social Relationships, in: Gergen, K. J./Greenberg, M. S./Willis, R. H. (eds.): Social Exchange: Advances in Theory and Research, New York/London, pp. 27-55.

Lind, E. A. (2001): Fairness Heuristic Theory: Justice Judgements as Pivotal Cognitions in Organizational Relations, in: Greenberg, J./Cropanzano, R. (eds.): Advances in Organizational Justice, Stanford, pp. 56-88.

Maier, G. W./Streicher, B./Jonas, E./Woschée, R. (2007): Gerechtigkeitsein-schätzungen in Organisationen: Die Validität einer deutschsprachigen Fassung des Fragebogens von Colquitt (2001), in: Diagnostica, Jg. 53, S. 97-108.

Martínez-Tur, V./Peiró, J. M./Ramos, J./Moliner, C. (2006): Justice Perceptions as Predictors of Customer Satisfaction: The Impact of Distributive, Procedural, and Interactional Justice, in: Journal of Applied Social Psychology, Vol. 36, No. 1, pp. 100-119.

Mattila, A. S./Cranage, D. (2005): The Impact of Choice on Fairness in the Context of Service Recovery, in: Journal of Services Marketing, Vol. 19, No. 5, pp. 271-279.

Mattila, A. S./Patterson, P. G. (2004): Service Recovery and Fairness Perceptions in Collectivist and Individual Contexts, in: Journal of Service Research, Vol. 6, No. 4, pp. 336-346.

Maxham, J. G./Netemeyer, R. G. (2002): Modeling Customer Perceptions of Complaint Handling over Time: The Effects of Perceived Justice on Satisfaction and Intent, in: Journal of Retailing, Vol. 78, No. 4, pp. 239-252.

Maxwell, S. (2002): Rule-Based Price Fairness and Its Effect on Willingness to Purchase, in: Journal of Economic Psychology, Vol. 23, No. 2, pp. 191-212.

Meffert, H./Bruhn, M. (2003): Dienstleistungsmarketing: Grundlagen, Konzepte, Methoden, 4., vollst. überarb. und erw. Aufl., Wiesbaden.

Morgan, R. M./Hunt, S. D. (1994): The Commitment-Trust Theory of Relationship Marketing, in: Journal of Marketing, Vol. 58, No. 3, pp. 20-38.

Nieschlag, R./Dichtl, E./Hörschgen, H. (2002): Marketing, 19., überarb. und erg. Aufl., Berlin.

Oliver, R. L. (1980): A Cognitive Model of the Antecedents and Consequences of Satisfaction Decisions, in: Journal of Marketing Research, Vol. 17, No. 4, pp. 460-469.

Oliver, R. L./Swan, J. E. (1989a): Equity and Disconfirmation Perceptions as Influence on Merchant and Product Satisfaction, in: Journal of Consumer Research, Vol. 16, No. 3, pp. 372-383.

Oliver, R. L./Swan, J. E. (1989b): Consumer Perceptions of Interpersonal Equity and Satisfaction in Transactions: A Field Survey Approach, in: Journal of Marketing, Vol. 53, No. 2, pp. 21-35.

OpenPR: URL: http://www.openpr.de/news/205798/Fairness-im-Geschaeftsleben-ist-messbar.html (Aufruf: 09.09.2009).

Patterson, P. G./Cowley, E./Prasongsukarn, K. (2006): Service Failure Recovery: The Moderating Impact of Individual-Level Cultural Value Orientation on Perceptions of Justice, in: International Journal of Research in Marketing, Vol. 23, No. 3, pp. 263-277.

Rawls, J. (1979): Eine Theorie der Gerechtigkeit, Übers.: Vetter, H., Frankfurt/Main.

Rothenberger, S./Hinterhuber, H. H. (2005): Antezedenten und Konsequenzen der Preiszufriedenheit, in: Berndt, R./Belardo, S./Helbling, C./Schmidt, R./Stähli, A. (Hrsg.): Herausforderungen an das Management, Band 12: Erfolgsfaktor Innovation, Berlin, S. 227-247.

Saxby, C. L./Tat, P. K./Thompson Johansen, J. (2000): Measuring Consumer Perceptions of Procedural Justice in a Complaint Context, in: The Journal of Consumer Affairs, Vol. 34, No. 2, pp. 204-216.

Schinzel, I. A. M. (1999): Einfluss der wahrgenommenen distributiven, prozedu-ralen und interaktionalen Gerechtigkeit von Leistungsbeurteilungen auf die Firmenverbundenheit – Eine Überprüfung der Referent Cognitions Theory, Diss., Mainz.

Schoefer, K./Ennew, C. (2005): The Impact of Perceived Justice on Consumers´ Emotional Responses to Service Complaint Experiences, in: Journal of Services Marketing, Vol. 19, No. 5, pp. 261-270.

ServiceRating: URL: http://www.food-monitor.de/2009/04/kundenbeziehungen-fair-geht-vor/ernaehrung/kommunikation/ (Aufruf: 08.09.2009).

Severt, D. E. (2002): The Customer´s Path to Loyalty: A Partial Test of the Relationships of Prior Experience, Justice, and Customer Satisfaction, Diss., Blacksburg.

Skarliki, D. P./Folger, R. (1997): Retaliation in the Workplace: The Roles of Distributive, Procedural, and Interactional Justice, in: Journal of Applied Psychology, Vol. 82, No. 3, pp. 434-443.

Smith, A. K./Bolton, R. N./Wagner, J. (1999): A Model of Customer Satisfaction with Services Encounters Involving Failure and Recovery, in: Journal of Marketing Research, Vol. 36, No. 3, pp. 356-372.

Sparks, B. A./McColl-Kennedy, J. R. (2001): Justice Strategy Options for Increased Customer Satisfaction in a Services Recovery Setting, in: Journal of Business Research, Vol. 54, No. 3, pp. 209-218.

Stauss, B. (2008): Beschwerdemanagement als Instrument der Kundenbindung, in: Hinterhuber, H. H./Matzler, K. (Hrsg.): Kundenorientierte Unternehmensführung: Kundenorientierung – Kundenzufriedenheit – Kundenbindung, 6. Auflg., Wiesbaden, S. 345-365.

Streicher, B./Frey, D. (2009): Vier wichtige Dimensionen von Gerechtigkeit bei Reorganisationen, in: HR Today, H. 4, S. 20-21.

Swan, J. E./Sawyer, J. C./Van Matre, J. G./McGee, G. W. (1985): Deepening the Understandment of Hospital Patient Satisfaction: Fulfillment and Equity Effects, in: Journal of Health Care Marketing, Vol. 5, No. 3, pp. 7-18.

Tax, S. S./Brown, S. W./Chandrashekaran, M. (1998): Customer Evaluation of Service Complaint Experiences: Implications for Relationship Marketing, in: Journal of Marketing, Vol. 62, No. 2, pp. 60-76.

Thibaut, J./Kelley, H. H. (1959): The Social Psychology of Groups, New York.

Thibaut, J./Walker, L. (1975): Procedural Justice: A Psychological Analysis, Hillsdale.

TÜV-Süd: URL: http://www.tuev-sued.de/uploads/images/12181753918561858 01097/TUeV_SUeD_Code_of_Ethics_Deutsch.pdf (Aufruf: 08.09.2009).

Van den Bos, K./Van Prooijen, J.-W. (2001): Referent Cognitions Theory: The Role of Closeness of Reference Points in the Psychology of Voice, in: Journal of Personality and Social Psychology, Vol. 81, No. 4, pp. 616-626.

Vogel, V. (2006): Kundenbindung und Kundenwert: Der Einfluss von Einstellungen auf das Kaufverhalten, Wiesbaden.

Walster, E./Berscheid, E./Walster, G. W. (1973): New Directions in Equity Research, in: Journal of Personality and Social Psychology, Vol. 25, No. 2, pp. 151-176.

Westbrook, R. A./Oliver, R. L. (1981): Developing Better Measures of Consumer Satisfaction: Some Preliminary Results, in: Advances in Consumer Research, Vol. 8, No. 1, pp. 94-99.

Wirtz, J./Mattila, A. S. (2004): Consumer Responses to Compensation, Speed of Recovery and Apology after a Service Failure, in: International Journal of Service Industry Management, Vol. 15, No. 2, pp. 150-166.

Xia, L./Monroe, K. B./Cox, J. L. (2004): The Price Is Unfair! A Conceptual Framework of Price Fairness Perceptions, in: Journal of Marketing, Vol. 68, No. 4, pp. 1-15.

Anhang

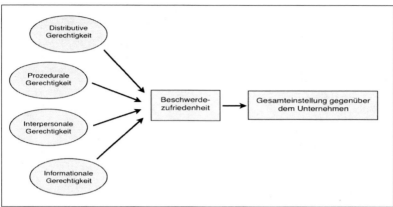

Quelle: Eigene Darstellung, in Anlehnung an: Ambrose et al. (2007), S. 25.

Abb. 4: Beziehungszusammenhänge zwischen Gerechtigkeit, Beschwerdezufriedenheit und Gesamteinstellung

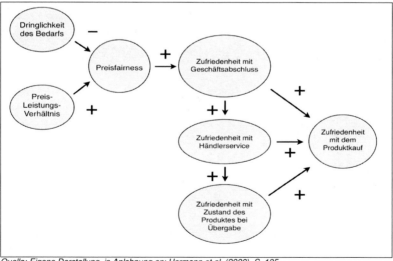

Quelle: Eigene Darstellung, in Anlehnung an: Hermann et al. (2000), S. 135.

Abb. 5: Wirkungszusammenhänge zwischen Preisfairness und Zufriedenheit

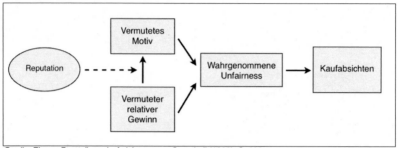

Quelle: Eigene Darstellung, in Anlehnung an: Campbell (1999), S. 206.

Abb. 6: Wirkungszusammenhänge zwischen vermutetem Motiv, vermutetem relativen Gewinn und Preisunfairness

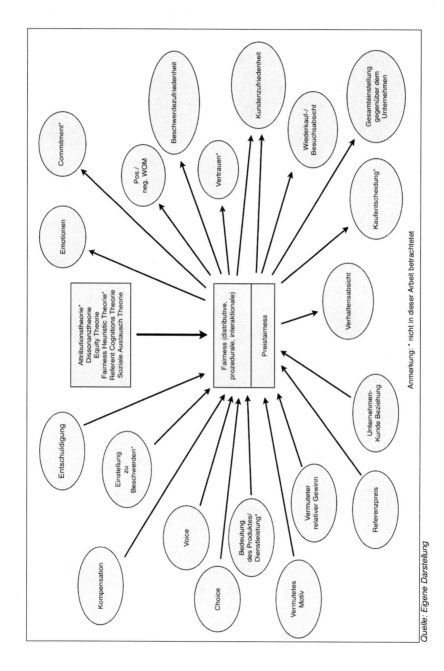

Quelle: Eigene Darstellung

Anmerkung: * nicht in dieser Arbeit betrachtet

Abb. 7: Überblick über die Antezedenten und Konsequenzen von Gerechtigkeit und Preisfairness

Konstrukt	Items
Disconfirmation	"The problems in this hotel/restaurant were fewer than I expected." "The benefits in this hotel/restaurant was better than I expected." "The quality in this hotel/restaurant were better than I expected."
Perceived Performance	"Overall, what is the level of quality you received from this hotel/restaurant?"
Justice Dimensions	
Distributive Justice	"The quality of this hotel/restaurant is good, given the price." "The services and the facilities of this hotel/restaurant correspond to the price." "The price of this hotel/restaurant is appropriate, given the quality."
Procedural Justice	"I waited a long time to be attended to." "I felt frustrated because employees did not respond to my requests for service." "I had to try too hard to get employees´ attention."
Interactional Justice	"The employees of this hotel/restaurant understand the needs of each customer." "The employees of this hotel/restaurant provided personal attention." "The employees of this hotel/restaurant were very involved in taking care of customers."
Customer Satisfaction	"I feel happy about my decision concerning the choice of this hotel/restaurant." "I believe I did the right thing when I used this hotel/restaurant." "In the future, I will be happy to come to this hotel/restaurant."

Anmerkung: Messung auf 7-Punkt-Skala

Quelle: Eigene Darstellung, in Anlehnung an: Martínez-Tur/Peiró/Ramos/Moliner (2004), S. 107 f.

Tab. 1: Items zur Messung von Diskonfirmation, Hotel- bzw. Restaurantleistungen, Gerechtigkeit und Kundenzufriedenheit

Konstrukt	Items
Justice Dimensions	
Distributive Justice	"Taking everything into consideration, the outcome I received was fair." "In resolving the problem, the restaurant did not give me what I needed."
Procedural Justice	"The waiter was quick in dealing with my problem." "The length of time taken to resolve may problem was longer than necessary."
Interactional Justice	"The waiter was appropriately concerned about my problem." "The waiter did not give me courtesy I was due."
Service Recovery Satisfaction	"How do you feel about the organization on this particular occasion?" "How satisfied would you be with the company´s handling of the problem?"
Repatronage Intentions	"Knowing what I do now, if I had to do it all over again, I would visit this restaurant." "Because of what happened, I would never go to this restaurant again." "If this situation had happened to me, I would never go to this restaurant in the future."
WOM	"Given what had happened, how likely will you complain to your friends and relatives about this restaurant?" "Given what had happened, how likely will you tell your friends and relatives not to patronize this restaurant?" "How likely will you warn your friends and relatives not to shop at this restaurant?"
Anmerkung: Messung auf 7-Punkt-Likert-Skala bzw. 7-Punkt-Bipolar-Skala	

Quelle: Eigene Darstellung, in Anlehnung an: Wirtz/Mattila (2004), S. 157.

Tab. 2: Items zur Messung von Gerechtigkeit, Beschwerdezufriedenheit, WKA und WOM

Nr.	Autor(en) (Jahr)	Untersuchungs-schwerpunkt	Messung/ Operationalisierung	Datengrundlage	Analyse-methode	Ergebnisse
Auswirkungen von Gerechtigkeit bzw. Preisfairness						
1	Ambrose/ Hess/ Ganesan (2007)	Einfluss von DG, PG, INPG, INFG auf BZ und GE (Commitment, Trust, WOM)	DG: 4 Items PG: 7 Items INT: 4 Items INF: 5 Items (5-Punkt-Likert-Skala) BZ: 3 Items GE: 4/3/3 Items (7-Punkt-Likert-Skala)	N = 285 Feldstudie Dienstleistungs-branche	Struktur-gleichungs-modellierung (LISREL)	1. Alle vier Gerechtig-keitsdimensionen üben einen signifi-kanten Einfluss auf BZ aus 2. BZ beeinflusst GE signifikant 3. Kontrollvariablen (Alter/Geschlecht) nehmen weder auf BZ noch auf GE Einfluss
2	Blodgett/ Granbois/ Walters (1993)	Einfluss von WG auf negative WOM und WKA	WG: 3 Items $\alpha = 0{,}93$ (7-Punkt-Likert-Skala) Negative WOM: 1 Item (Ordinalskala) WKA: 3 Items $\alpha = 0{,}87$ (7-Punkt-Likert-Skala)	N = 201 Feldstudie Konsumgütersektor	Struktur-gleichungs-modellierung (LISREL)	WG hat signifikanten Einfluss auf WOM und WKA

	Autor/Jahr	Untersuchungsgegenstand	Operationalisierung	Stichprobe	Methode	Ergebnisse
3	Blodgett/ Hill/Tax (1997)	Einfluss von DG, PG, INTG auf negative WOM, WKA	DG: 4 Items α = 0,92 INTG: 4 Items α = 0,95 PG: 3 Items α = 0,85 (7-Punkt-Likert-Skala) Negative WOM: 3 Items α = 0,87 WKA: 3 Items α = 0,91 (7-Punkt-Likert-Skala)	N = 265 Laborstudie Konsumgütersektor	Varianz-analyse	1. DG und INTG nehmen positiven Einfluss auf WKA und negativen Effekt auf negative WOM 2. PG hat keinen signifikanten Einfluss auf WKA und negative WOM 3. INTG Gerechtigkeit kann als Hauptdeterminante für WKA und WOM ermittelt werden 4. Es bestehen signifikante Zusammenhänge zwischen DG und INTG
4	Blodgett/ Wakefield/ Barnes (1995)	Einfluss von DG, INTG auf negative/positive WOM und WKA	DG/INTG/WKA: Multiple Items α = 0,78-0,95 (7-Punkt-Skala) Negative/positive WOM: („yes/no")	N = 200 Feldstudie Konsumgütersektor	Diskriminanz- bzw. Multiple Regressions-analyse	INTG hat einen größeren Einfluss auf negative/positive WOM und WKA als DG

Nr.	Autor (Jahr)	Untersuchungsgegenstand	Operationalisierung	Stichprobe	Methode	Ergebnisse
5	Campbell (1999)	Einfluss von PF als Mediatorvariable auf KA	PF: o. A. KA: o. A. (7-Punkt-Skala)	Studie 1: N = 108 Laborstudie Konsumgütersektor	Varianzanalyse	PF als Mediatorvariable nimmt positiven Einfluss auf KA
6	Chebat/ Slusarczyk (2003)	Einfluss von DG, PG, INTG auf KL mit positiven/negativen Emotionen als Mediatorvariablen	DG: 3 Items α = 0,76 PG: 2 Items α = 0,85 INTG: 3 Items α = 0,86 ("strongly agree/strongly disagree") Zweidimensionalität von positiven/negativen Emotionen mittels Faktorenanalyse ermittelt: ("joy/hope") bzw. ("anxiety/disgust") Faktorladungen von 0,79 bis 0,87 KL: Messung basiert auf beobachtetem Verhalten	N = 186 Feldstudie Dienstleistungsbranche	Strukturgleichungsmodellierung	1. INTG ist die wichtigste Determinante und wirkt direkt auf Konsumentenverhalten ein 2. Alle Gerechtigkeitsdimensionen nehmen Einfluss auf positiven/ negativen Emotionen 3. Alle Gerechtigkeitsdimensionen beeinflussen KL über die Mediatorvariablen negative/positive Emotionen signifikant

7	Hocutt/Chakrabor-ty/Mowen (1997)	Einfluss von DG, INTG und Grund des SF auf BZ und BA	DG: 2 Items INTG: 2 Items Grund des SF: 2 Items (7-Punkt-Likert-Skala) BZ: 8 Items α = 0,93 BA: 7 Items α = 0,87 (7-Punkt-Likert-Skala)	N = 251 Laborstudie Dienstleistungs-branche	Varianz-analyse	1. BZ und BA werden vom Grund des SF sowie von DG sowie INTG beeinflusst 2. BZ (BA) ist signifikant höher (niedriger) wenn sich keine SF ergeben 3. BZ (BA) ist niedriger (höher), wenn der SF beim Anbieter liegt, als beim Kunden selbst
8	Kim/Kim/Kim (2009)	Einfluss von DG, PG, INTG auf BZ, Trust, WOM und WKA	DG: 4 Items α = 0,91 PG: 4 Items α = 0,93 INTG: 5 Items α = 0,92 (7-Punkt-Likert-Skala) BZ: 4 Items α = 0,93 Trust: 4 Items α = 0,86 WOM: 2 Items α = 0,83 WKA: 2 Items α = 0,97 (7-Punkt-Likert-Skala)	N = 451 Feldstudie Dienstleistungs-branche	Struktur-gleichungs-modellierung	1. DG hat einen stärkeren Einfluss auf BZ als PG und INTG 2. DG, PG und INTG haben signifikanten Einfluss auf WOM, WKA und Trust 3. BZ fungiert als Mediatorvariable zwischen DG, PG sowie INTG und WOM und WKA 4. Trust fungiert als Mediatorvariable zwischen BZ und WOM und WKA

	Autor (Jahr)	Untersuchungsgegenstand	Konstrukte/Items	Stichprobe	Methode	Ergebnisse
9	Maxwell (2002)	Einfluss von PF und Preisbildung auf Einstellung und KA	PF: 2 Items α = 0,78; Faire Preisbildung: 3 Items α = 0,76 (7-Punkt-Likert-Skala); Einstellung: 3 Items α = 0,79; KA: 3 Items α = 0,94 (7-Punkt-Likert-Skala)	N = 393 Laborstudie Dienstleistungsbranche	Strukturgleichungsmodellierung (LISREL)	PF und faire Preisbildung nehmen positiven Einfluss auf Einstellung und KA
10	Oliver/Swan (1989a)	Vergleich von Inputs und Outcomes der Kunden mit denen anderer Marktteilnehmer	Outcomes: 7 Items; Inputs: 7 Items; Fairness: 3 Items; Präferenzen: 3 Items; Diskonfirmation: 3 Items; KZ: 6 Items	N = 184 Feldstudie Konsumgüterbranche	Regressionsanalyse	1. WG wird höher empfunden, wenn das Input-Output Verhältnis besser als das des Anbieters ist 2. WG steht in engem Zusammenhang mit KZ
11	Schoefer/Ennew (2005)	Einfluss von DG, PG, INTG auf emotionale Reaktionen	DG/PG/INTG: 2 Items; Positive/negative Emotionen: 14/16 Items α = 0,86/0,81 (5-Punkt-Skala)	N = 384 Laborstudie Dienstleistungsbranche	Varianzanalyse	DG, PG und INTG nehmen signifikanten Einfluss auf positive bzw. negative Emotionen

	Autor (Jahr)	Untersuchungsgegenstand	Items/Skala	Stichprobe	Methode	Ergebnisse
12	Severt (2000)	Einfluss von DG, PG, INTG auf GF und KZ	DG: 6 Items $\alpha = 0,95$ PG: 9 Items $\alpha = 0,96$ INTG: 7 Items $\alpha = 0,95$ GF: 3 Items $\alpha = 0,94$ KZ: 6 Items $\alpha = 0,97$ (7-Punkt-Likert-Skala)	N = 302 Feldstudie Dienstleistungs-branche	Struktur-gleichungs-modellierung	1. Es ergeben sich direkte signifikante Effekte aller Gerechtigkeitsdimensionen auf GF und KZ 2. DG hat einen größeren Einfluss auf GF als PG und INTG 3. GF nimmt signifikanten Einfluss auf KZ
13	Smith/Bolton/Wagner (1999)	Einfluss von DG, PG, INTG auf BZ	DG: 4 Items PG: 2 Items INTG: 2 Items BZ: 1 Item (7-Punkt-Skala)	N = 977 Laborstudie Dienstleistungssek-tor	Struktur-gleichungs-modellierung	1. Alle Gerechtigkeitsdimensionen üben Einfluss auf BZ aus. 2. DG hat gegenüber PG und INTG den größten Einfluss
14	Tax/Brown/Chandra-shekaran (1998)	Einfluss von DG, PG, INTG auf BZ, Trust und Commitment	DG: 5 Items $\alpha = 0,97$ PG: 20 Items $\alpha = 0,86$ INTG: 20 Items $\alpha = 0,91$ BZ: 4 Items $\alpha = 0,96$ Trust: 4 Items $\alpha = 0,96$	N = 257 Feldstudie Dienstleistungs-branche	Regressions-analyse	1. DG, PG, INTG nehmen signifikanten Einfluss auf BZ 2. BZ beeinflusst Trust und Commitment positiv 3. INTG hat stärkeren Einfluss auf BZ als DG und PG

Determinanten von Gerechtigkeit bzw. Preisfairness

			Commitment: 4 Items α = 0,92 (5-Punkt-Skala)			
15	Campbell (1999)	Einfluss von VRG bzw. VM auf PF und KA	VRG: o. A. VM: 2 Items PF: o. A. KA: o. A. (7-Punkt-Skala)	Studie 1: N = 108 Laborstudie Konsumgütersektor	Varianzanalyse	1. Zwischen VRG und KA besteht ein negativer Zusammenhang 2. Zwischen VM und KA besteht ein positiver Zusammenhang 3. VRG und VM nehmen positiven Einfluss auf PF und KA
16	Gielissen/ Dutilh/ Graafland (2008)	Einfluss von Referenzpreis, Produktionskosten, VM, etc. auf WG	Referenzpreis: 4 Items Produktionskosten: 2 Items VM: 2 Items WG: "fairness points": completely fair (4) - very unfair (1)	N = 307 Laborstudie Konsumgütersektor	Mittelwert/ Standardabweichung	1. Referenzpreise nehmen positiven Einfluss auf WG 2. Ein Anstieg des Preises wird als fairer wahrgenommen, wenn er auf steigende Produktionskosten zurückzuführen ist, als auf einen Anstieg der NF 3. VM nimmt starken Einfluss auf WG

Nr.						Ergebnisse
17	Huppertz/ Arenson/ Evans (1978)	Einfluss von Preisniveau, Preis- und Serviceungleichheiten auf Kauffrequenz und WG	Preisungleichheiten (high/low) Serviceungleichheiten (high/low) Kauffrequenz (frequently/ infrequently) WG: 16 Items $\alpha = 0{,}84{-}0{,}96$ (7-Punkt-Skala)	N = 160 Laborstudie Konsumgütersektor	Varianz-analyse	1. Ungleichheiten des Preises auf hohem Preisniveau haben größeren negativen Effekt auf WG als auf niedrigem Preisniveau 2. Ungleichheiten des Preises dominieren Serviceungleichheiten 3. Serviceungleichheiten wirken sich negativ auf Kauffrequenzen aus
18	Mattila/ Cranage (2005)	Einfluss von Compensation, Choice, Apology auf DG, PG, INTG, INFG	Compensation/ Choice/Apology (ja/nein) DG: 2 Items $\alpha = 0{,}93$ PG: 2 Items $\alpha = 0{,}92$ INTG: 3 Items $\alpha = 0{,}89$ INFG: 5 Items $\alpha = 0{,}92$ (7-Punkt-Skala)	N = 280 Laborstudie Dienstleistungs-branche	Varianz-analyse	1. Compensation, Choice, Apology nehmen gemeinsam Einfluss auf INFG 2. Apology und Compensation nehmen gemeinsam Einfluss auf INTG 3. DG wird von den Attributen nur separat beeinflusst

19	Mattila/ Patterson (2004)	Einfluss von Compensation und Explanation auf DG und INTG	Compensation: (ja mit Apology/nein ohne Apology) Explanation: (ja/nein) DG: 2 Items $\alpha = 0{,}72$ INTG: 2 Items $\alpha = 0{,}71$ (7-Punkt-Likert-Skala)	$N = 561$ Feldstudie Dienstleistungsbranche	Varianzanalyse	1. DG wird signifikant von Compensation und Explanation beeinflusst 2. Explanation nimmt signifikanten Einfluss auf INTG 3. Die Ergebnisse amerikanischer und asiatischer Stichproben unterscheiden sich signifikant
20	Smith/ Bolton/ Wagner (1999)	Einfluss von Compensation, Response Speed, Apology und Initiation auf DG, PG, INTG	Compensation: 3 Items Response Speed: 2 Items Apology: 2 Items Initiation: 2 Items DG: 4 Items PG: 2 Items INTG: 2 Items (7-Punkt-Skala)	$N = 977$ Laborstudie Dienstleistungsbranche	Strukturgleichungsmodellierung	1. DG wird positiv von Compensation beeinflusst 2. PG wird positiv von Response Speed beeinflusst 3. Apology und Initiation beeinflussen INTG positiv

Anmerkungen:

BA = Beschwerdeabsicht
BZ = Beschwerdezufriedenheit
DG = Distributive Gerechtigkeit
GE = Gesamteinstellung gegenüber Unternehmen

GF = Gesamtfairness
INFG = Informationale Gerechtigkeit
INPG = Interpersonale Gerechtigkeit
INTG = Interaktionale Gerechtigkeit
KA = Kaufabsichten
KL = Kundenloyalität
KZ = Kundenzufriedenheit
NF = Nachfrage
PF = Preisfairness
PG = Prozedurale Gerechtigkeit
SF = Servicefehler
VM = Vermutetes Motiv
VRG = Vermuteter relativer Gewinn
WG = Wahrgenommene Gerechtigkeit
WKA = Wiederkaufsabsicht
WOM = Word-of-Mouth

Quelle: Eigene Darstellung

Tab. 3: Synopse zu den Auswirkungen und Determinanten von Gerechtigkeit und Preisfairness

Commendations

"I fully endorse this book written by my brother, Alistair. It is a passionate call for the church to realise the great power that can be released through effective prayer. Such prayer can be the catalyst through which communities, families, and nations can be transformed – This book is good theology, good practise, and good news."

Ian Cole: Director, World Prayer Centre, Birmingham, England.